本书受四川大学青年杰出人才培育项目（SKSYL201808）资助

|光明社科文库|

拉丁美洲的社会救助
经验与借鉴

张浩淼　朱　杰◎著

光明日报出版社

图书在版编目（CIP）数据

拉丁美洲的社会救助：经验与借鉴 / 张浩淼，朱杰著. -- 北京：光明日报出版社，2023.5
ISBN 978-7-5194-7236-8

Ⅰ.①拉… Ⅱ.①张… ②朱… Ⅲ.①社会救济—研究—拉丁美洲 Ⅳ.①D773.07

中国国家版本馆 CIP 数据核字（2023）第 089083 号

拉丁美洲的社会救助：经验与借鉴
LADINGMEIZHOU DE SHEHUI JIUZHU：JINGYAN YU JIEJIAN

著　　者：张浩淼　朱　杰	
责任编辑：李壬杰	责任校对：李　倩　乔宇佳
封面设计：中联华文	责任印制：曹　净

出版发行：光明日报出版社
地　　址：北京市西城区永安路 106 号，100050
电　　话：010-63169890（咨询），010-63131930（邮购）
传　　真：010-63131930
网　　址：http://book.gmw.cn
E - mail：gmrbcbs@gmw.cn
法律顾问：北京市兰台律师事务所龚柳方律师
印　　刷：三河市华东印刷有限公司
装　　订：三河市华东印刷有限公司
本书如有破损、缺页、装订错误，请与本社联系调换，电话：010-63131930

开　　本：170mm×240mm	
字　　数：157 千字	印　　张：13
版　　次：2023 年 5 月第 1 版	印　　次：2023 年 5 月第 1 次印刷
书　　号：ISBN 978-7-5194-7236-8	
定　　价：85.00 元	

版权所有　　翻印必究

目 录
CONTENTS

第一章　绪　论…………………………………………… 1
　　第一节　研究背景与意义………………………………… 1
　　第二节　文献回顾………………………………………… 5
　　第三节　概念界定与理论铺垫…………………………… 9
第二章　墨西哥的社会救助——机会计划…………… 41
　　第一节　产生与发展……………………………………… 42
　　第二节　主要内容………………………………………… 51
　　第三节　特点与效果……………………………………… 66
第三章　巴西的社会救助——家庭津贴计划………… 86
　　第一节　产生与发展……………………………………… 87
　　第二节　主要内容………………………………………… 96
　　第三节　特点与效果……………………………………… 106
第四章　智利的社会救助——智利团结计划………… 115
　　第一节　产生与发展……………………………………… 116
　　第二节　主要内容………………………………………… 124
　　第三节　特点与效果……………………………………… 132

第五章 拉美国家社会救助的综合评价 …………… 146
第一节 共性与差异 ………………………… 147
第二节 经验与教训 ………………………… 165
第六章 对我国社会救助的借鉴与启示 ……………… 171
第一节 共同富裕背景下明确社会救助的地位和作用 … ………………………………………………… 171
第二节 培育"发展"的价值理念，拓展社会救助功能 ………………………………………………… 173
第三节 转变对贫困的认识，对社会救助进行适应性再设计 …………………………………………… 174
第四节 注重社会救助的性别差异和儿童导向 ……… 177
参考文献 ……………………………………… 179
后记 …………………………………………… 199

第一章

绪 论

第一节 研究背景与意义

社会救助是最古老的社会保护措施，也是直接针对贫困者等弱势群体的一种有效的保护手段。一般而言，社会救助制度涵盖两个层次的目标：一是为贫困者提供满足其最低生活标准的帮助，在不同国家"最低生活标准"会有不同的定义，比如有些国家是指维持生存的标准，有些国家是指保障基本生活的标准，有些国家则是指保障体面和有尊严生活的标准；二是作为反贫困手段它应该防止受助者被边缘化或被社会排斥。换句话说，社会救助不应只是提供低收入水平群体以款物帮助以维持其生活水平，还应该使受助者群体获得发展的机会和能力并最终融入社会。[①]

我国一直高度重视社会救助工作。改革开放前，我国建立

[①] EARDLEY T, BRADSHAW J, DITCH J, GOUGH I, WHITEFORD P. Social assistance in OECD countries: synthesis report (Volume I) [M]. London: HMSO, 1996: 47.

了与当时经济社会体制相适应的社会救助制度。改革开放后，我国社会救助在不断地改革发展。1999年城市最低生活保障成为全国性的制度安排，2007年农村最低生活保障在全国建立。此外，我国还逐步建立了教育、住房、医疗等专项救助。2014年，国务院颁布的《社会救助暂行办法》是我国第一部统筹和规范各项社会救助制度的行政法规，构建了较为完整的社会救助体系。① 2020年，中共中央办公厅、国务院办公厅印发《关于改革完善社会救助制度的意见》，明确提出建立健全分层分类社会救助体系，形成"物质+服务"的救助方式和促进城乡统筹发展。我国社会救助总体上实现了从恩赐到权利和从分治到统筹的转变，一方面，受助的属性从恩惠转变为权利，政府必须承担起实施救助的责任；② 另一方面，社会救助改变了项目分割和城乡分治的思路，朝着项目统筹和城乡统筹的方向发展。中央部署打赢脱贫攻坚战以来，我国积极推动农村低保与扶贫开发有效衔接，符合条件的建档立卡贫困人口已全部纳入兜底保障范围，全国共1936万建档立卡贫困人口纳入低保或特困供养，所有县（市、区）的农村低保标准全部动态已达到或超过国家扶贫标准，纳入兜底保障范围的贫困人口稳定实现了吃穿"两不愁"。③ 以低保为核心的社会救助为打赢脱贫攻坚战、全面建成小康社会作出了积极贡献。虽然我国社会救助制度取得了重要成效，但是在迈向共同富裕的背景

---

① 王三秀，高翔. 从生存维持到生活质量：社会救助功能创新的实践审思[J]. 中州学刊，2016，38（9）：78-83.
② 郑功成. 中国社会救助制度的合理定位与改革取向[J]. 国家行政学院学报，2015，17（4）：17-22.
③ 姚亚奇. 织就更密更牢的民生保障网[N]. 光明日报，2022-03-03（4）.

下，社会救助还存在质量不高、可持续性不强的问题，需要进一步完善。

从国际经验看，在发展型社会政策理论、人力资本投资理论和第三条道路理论的影响下，20世纪90年代之后，许多发达国家和发展中国家的社会救助均不约而同地改变了以往较为消极的、补偿收入损失的功能，显示出较为积极的、促进受助者发展的功能，并由此形成不同的发展型社会救助制度，这主要包括三种实践模式：欧美国家为代表的工作福利模式，拉丁美洲国家为代表的有条件现金转移支付模式和东南亚国家为代表的专项救助模式。其中，拉丁美洲国家的有条件现金转移支付模式的出现是为了应对自由主义经济改革产生的大规模失业和贫困问题，巴西和墨西哥率先实施了社会救助改革并建立了新型的社会救助项目，这些新项目把救助资格与就业、教育培训和医疗服务等人力资本的发展政策结合在一起，以提高贫困群体的教育水平和健康状况，取得了一定的效果并获得了国际组织的认可。例如，2013年国际社会保障协会（ISSA）首次设立了"社会保障杰出成就奖"，以对某一个国家在社会保障方面做出的非凡承诺和杰出成就予以世界性的认可，该奖项当年颁给了巴西的新型社会救助项目——家庭津贴计划（Bolsa Familia），此计划是全球受益者最多的有条件性现金救助项目，受益人口近5000万，约占巴西人口的1/4，计划为贫困家庭提供附带条件的救助金，附带条件主要围绕营养、健康、子女教育等人力资本投资方面，以期在缓解当前贫困的同时消除贫困的代际传递。国际社会保障协会主席斯杜威在宣布该奖项时表示："家庭津贴计划帮助缓解了巴西极端贫困家庭的贫困，并改善了贫困家庭儿童的教育与健康状况。事实证明，有条件的现金转移支付计划可以成为一种非常有效的社会保障形式，希望社会保障杰出成就奖能鼓励更多政府关注巴西经验，并考虑采用类似的计划来造福本国国民。"[1] 时任巴西总统罗塞夫总统在给国际社会保障协会的致辞中表示："巴西非常荣幸地接受国际社会保障协会的社会保障杰出成就奖，这是对巴西政府为改善社会保护所做出的努力的认可。家庭津贴计划保证了3600万巴西人能够生活在极端贫困线以上，让1600万儿童和青少年能够继续上学，并且一直是降低儿童死亡率的决定性工具。巴西有足够多的理由为家庭津贴这项减贫计划而感到自豪，该计划旨在减少不平等并让所有巴西人受益。"国际社会保障协会的颁奖决定适逢巴西家庭津贴计划建立十周年，这使该计划名声大噪并广受发展中国家效仿，根据世界银行统计，目前有60余个国家实施了类似巴西的家庭津贴计划。[2]

因此，推进我国社会救助制度的进一步改革发展需要国际视野，可以通过对拉丁美洲国家新型社会救助制度的考察获得启示和经验借鉴，使我国的社会救助高质量发展，为共同富裕筑牢坚实底板。

---

[1] STAFF REPORTER. Brazilian social security programme receives prestigious ISSA award [EB/OL]. (2013-10-22) [2022-6-12]. https://guyanachronicle.com/2013/10/22/brazilian-social-security-programme-receives-prestigious-issa-award/.
[2] ISSA. Annual review 2013 [R/OL]. (2014-8) [2022-7-2]. https://ww1.issa.int/sites/default/files/documents/publications/2-AR-2014-29794.pdf.

第二节 文献回顾

1990年后,拉美的发展中国家对社会救助进行了调整,建立了有条件现金转移支付项目,即把救助资格与就业、教育、儿童营养、医疗服务等人力资本发展政策结合起来,以实现较长时期内消除贫困与促进发展的目标。

国外理论界对拉丁美洲新型社会救助的关注点集中在以下几个方面:一是有条件现金转移支付在儿童保护方面的效果。由于有条件现金转移支付提供的救助金附带条件,这些条件往往与儿童的教育、健康、营养相关。因此,许多研究只关注了有条件现金转移支付在儿童保护方面的作用和效果,研究显示,巴西有条件现金转移支付对象的营养状况要明显好于未接收者,对儿童的积极效应尤为明显。[①] 此外,巴西的有条件现金转移支付项目在提升入学率方面的效果显著,研究表明,随着受助时间的延长,成效也愈明显,儿童受助一年后入学率会提升2.8%,两年后会增加4.3%,而三年后会进一步提升5.5%,此外,与非受助儿童相比,受助儿童的缺勤率和辍学率要降低3.6%和1.6%。[②] 在墨西哥,机会计划这项有条件现

[①] MARTINS A P B, CANELLA D S, BARALDI L G, MONTEIRO C A. Cash transfer in Brazil and nutritional outcomes: A systematic review [J]. Revista de saude publica, 2013, 47 (6): 1159−1171.

[②] GLEWWE P, KASSOUF A F. The impact of the Bolsa Escola /Familia conditional cash transfer program on enrollment, grade promotion and drop out rates in Brazil [J/OL]. [2022−7−10]. www. Anpec. Org. br/encontro2008/artigas/200807211140170−. pdf.

金转移支付项目使高中的入学率提高了85%，16-19岁的学生逃课率下降了23.7%；从1997年到2003年接受高中教育的机会，12-14岁的男生和女生分别上升了42%和33%，15-18岁学生的上学时间平均提高了一年；1997年到2003年间，平均只有50%的儿童完成了9年的基本教育，2008年这个数字提高到100%。同时，母亲参加健康教育学习班的人数大幅增加，并使孩子的健康与身体发育情况得到了明显改善，受助家庭的儿童生病率比受助前降低了12%。① 二是有条件现金转移支付与社会工作的关系。有条件现金转移支付项目的实施与社会工作者密切相关，社会工作者在项目实施中发挥着重要的作用。② 有研究者对智利有条件现金转移支付项目的实施进行分析后提出，智利社会工作者面临不少问题和挑战，应更加关注人权与社会正义。③ 三是关注有条件现金转移支付项目与女性福祉的关系。有学者发现，巴西的有条件现金转移支付项目——家庭津贴计划大大改善了妇女福祉，提升了孕产妇营养和健康状况，并改善了妇女受教育程度。④ 女性通过有条件现金

---

① RAWLINGS L, RUBIO G. Evaluating the impact of conditional cash transfer programs [J]. World Bank Economic Observer, 2005, 20 (1).
② SARACOSTTI M. The chile solidario system: the role of social work [J]. International social work, 2008, 51 (4): 566-572.
③ REININGER T, CASTRO-SERRANO B, FLOTTS M, VERGARA M, FUENTEALBA A. Conditional cash transfers: social work and eradicating poverty in Chile [J]. International social work, 2018, 61 (2): 289-301.
④ LEVASSEUR K, PATERSON S, MOREIRA N C. Conditional and unconditional cash transfers: implications for gender [J]. Basic income studies, 2018, 13 (1): 1-9.

转移支付项目更加独立，创业精神有所提升，从而扩大了就业机会。①还有证据表明，有条件现金转移支付项目减少了性别收入差距，因为救助金被要求发放给家庭中的女性户主，由此减少了家庭暴力，即提高女性收入与培养女性经济独立有助于减少家庭暴力。②

  国内理论界对拉丁美洲新型社会救助的关注较为有限，既有研究主要集中在两大方面：一是分析与考察拉美有条件现金转移支付的产生背景、特点、成效和影响等，并从中总结经验、获得相关启示。20世纪90年代中后期，在贫困与弱势群体问题依然十分严峻的状况下，由于社会保险和传统的边缘性社会救助均无力应对以上问题，拉美各国政府不得不寻找解决问题的新思路并尝试改革传统的社会救助，这时刚形成不久的发展型社会政策理论进入一些拉美政治家的视野，由此产生了有条件现金转移支付项目。③新型社会救助通过有条件的现金转移支付赋予社会救助促进人力资本发展的功能，使社会救助具备"发展"的理念，④其在人力资本投资与兼顾公平和效率

---

① MOREIRA N C. Empowerment, gender inequality and social mobility in the bolsa família program [C]. A paper presented to the international public policy conference. Grenoble, 2013.
② BORRAZ F, MUNYO I. Conditional cash transfers, women's income and domestic violence [J]. International review of applied economics, 2020, 34 (1): 115-125.
③ 张浩淼. 拉美国家的社会救助改革及其启示[J]. 新视野, 2010, 27 (4): 89-91.
④ 唐丽霞, 赵丽霞, 李小云. 有条件现金转移支付缓贫方案的国际经验[J]. 贵州社会科学, 2012, 33 (8): 87-93.

方面的经验值得借鉴，有助于长期减贫。① 二是关注有条件现金转移支付在儿童福利或教育或卫生保健某一方面中的作用和效果。例如，有学者发现有条件现金转移支付项目改善了儿童的受教育条件，世界银行的研究发现，有条件现金转移支付方案有助于儿童入学率的提高。哥伦比亚和墨西哥的计划实施都提高了中学的入学率。尤其是对原来小学入学率很低的地方，有条件现金转移支付方案的效果更好。此外，项目还改善了儿童的健康和营养状况。在墨西哥，项目受益者进行体检的频率增加了18%，洪都拉斯的项目使儿童接受医疗服务的比例提高15%至21%；墨西哥、尼加拉瓜和哥伦比亚的身材矮小率分别降低了10%、5.5%和7%。② 由于有条件现金转移支付项目一般都要求受益家庭必须保证家庭中适龄儿童入学并达到一定的出勤率，同时计划在教育领域的大力投入改善了贫困人口受教育的情况，发挥了重要的教育扶贫作用。③ 在卫生保健方面，有条件现金转移支付项目可以提高妇女儿童健康服务使用率，并增强了其卫生保健意识，对我国具有借鉴意义。④

综上所述，学术界已经对拉美国家的社会救助进行了相关研究，为进一步深入研究提供了一定的基础。但目前既有研究

---

① 郑晓冬，上官霜月，陈典，方向明. 有条件现金转移支付与农村长期减贫：国际经验与中国实践[J]. 中国农村经济，2020，36（9）：124-144.
② 姚建平. 儿童现金转移支付模式：国际比较与路径选择[J]. 社会保障评论，2020，4（4）：118-132.
③ 郑皓瑜. 论拉丁美洲国家教育扶贫政策在消除贫困代际传递中的作用[J]. 山东社会科学，2016，30（4）：171-175.
④ 杨雨萱，鱼敏. 条件现金转移支付模式在卫生保健领域的应用与思考[J]. 中国卫生经济，2021，40（8）：18-20.

数量较为有限，且较为缺乏对拉美典型国家有条件现金转移支付项目产生的背景和发展、价值理念、制度设计和技术方案的深入考察与分析。本书旨在通过对巴西、墨西哥与智利三个国家的有条件现金转移支付项目的细致分析，总结其经验和特点，并比较异同，以从中获得启示，从而为我国社会救助的高质量发展提出建议。

第三节 概念界定与理论铺垫

一、概念界定

（一）困难群体

国外对困难群体的衡量主要包括经济和社会两大维度，困难群体在经济层面上表现为贫困人群，主要从收入消费贫困和存量角度的资产贫困两方面进行定义和衡量，后来又向能力贫困和多维贫困拓展。在社会层面上，困难群体表现为单亲、残疾人、失业者等弱势群体。

从经济维度看，当前普遍采纳的贫困线包括两类：一类是世界银行发布的贫困线；另一类是每个国家的官方贫困线。世界银行对贫困的定义为：贫困是福祉被剥夺的现象。其对贫困的定义和测量主要是按照基本需要成本方法，基本需要包括两部分：一部分是为了充足的营养而获得一定量的食物的需要，大多按照每人每天 2100 卡路里计算；另一部分是衣着、住房等方面。2015 年 10 月开始世界银行对贫困线的定义为每日收入1.90美元。在《2018年贫困与共享繁荣》报告中世界银行还引入了对贫困的多维衡量，贫困不仅仅是由缺乏消费或收入来定义的，生活的其他方面对福祉至关重要，包括教育，获得基本公用事业，保健和安全。多维视角揭示了一个世界，贫困是一个更广泛、更根深蒂固的问题，强调了更强有力的包容性增长以及对人力资本进行更多投资的重要性。在全球范围内，根据包括消费，教育和获得基本公用事业的多维定义，穷人的比例比仅依靠货币贫困时的比例高约50%。[1] 在对资产和收入进行综合考量的情况下，贫困可以被定义为没有足够的资产和收入以满足基本需要。Carter和May提出了基于资产贫困测量及其分解的方法。[2]

从社会维度看，1974年法国学者勒内·勒努瓦最早提出了"社会排斥"的概念，用于强调个体与社会之间的割裂现象。社会排斥主要指那些没有被传统的社会保障体系覆盖的人，如单亲、残疾人、失业者等弱势人群，这些人群不能参与政治活动、医疗条件较差，而且受到社会孤立。在欧盟的第三个反贫困计划（1989—1994）中，社会排斥替代贫困作为主要的关注焦点，将社会排斥定义为对基于公民资格的权利，主要是社会权利的否认，或者这些权利未得到充分实现。同时，明确贫困和社会排斥两个概念：贫困通常指收入不足，如果个体或家庭的总收入不足以满足其在食品、交通、住房、医疗和

---

[1] WORLD BANK. China systematic country diagnostic: towards a more inclusive and sustainable development [R/OL]. (2018-2-14) [2022-5-15]. https://openknowledge.worldbank.org/handle/10986/29422.

[2] CARTER M R, MAY J. One kind of freedom: poverty dynamics in post-apartheid South Africa [J]. World Development, 2001, 29 (12): 1987-2006.

教育等方面的基本需求，则认为这些个体或家庭是贫困的；而社会排斥的定义会更宽泛一些，除了收入以外，社会排斥还包括因为肤色、性别、职业类型、社会经济条件、文化、制度和政治等要素而限制了社会流动，以及来自住房、教育、医疗和服务获取方面的行为。关于社会排斥，不同学者持不同的观点并作出了一定的理论贡献，Castel 等学者侧重研究社会排斥的现象和结果，[①] Levitas 等则关注社会排斥的原因解释和解决方法上，如维塔斯对关于社会排斥的话语进行了分类，这就涉及相关的社会政策应对。[②] 由于社会排斥不是简单的资源不足，而是个人和家庭以社会整合和参与劳动力市场为条件，在反排斥的过程中能够保障有体面的生活条件。因此，需要社会救助、教育、培训、工作、住房、健康照顾等社会政策。有研究显示人们在生命周期中可能有多种社会地位的变化。因此，社会学的兴趣不再是把弱势社会成员看成受害者，而是关注他们的主观能动性。换句话说，福利国家的目标不再是单纯照顾困难和弱势群体的利益，而是要提高其参与社会与经济活动的能力和资源，也就是说，社会排斥要关注被排斥的困难者的自身潜能，要考虑社会排斥的多维度特征。

在减少困难群体与其他群体的社会差距方面，国外学者也

---

① CASTEL R. The roads to disaffiliation: insecure work and vulnerable relationships [J]. International journal of urban and regional research, 2000, 24 (3): 519-535.
② LEVITAS R, PANTAZI C, FAHMY E, GORDON D, LLOYD E, PATSIOS D. The multi-dimensional analysis of social exclusion [EB/OL]. [2022-5-22]. http://webarchive.nationalarchives.gov.uk/+/http:/www.cabinetoffice.gov.uk/media/cabinetoffice/social_exclusion_task_force/assets/research/multidimensional.pdf.

做了多方面研究，主要集中在教育培训、普惠医疗服务、福利国家政策等方面。为了缩小国民教育的差距，政府应为困难群体定制特殊的终身学习项目以及结果指标，助其提升素质和技能。[1] 医疗保健服务可以进一步缩小困难群体在身心健康方面所处的不利地位，有学者发现进行初级保健递送模式改革的地区需要考虑这些变化对困难与脆弱人群的潜在影响，以此促进初级保健服务的公平性。[2] 此外，还需要设计和实施跨部门的各类福利政策，以促进福利服务的基本能力和人力资本的发展，即通过积极的、发展型的福利措施来增进困难群体的福祉。[3]

国内社会学界对困难群体的关注起源于20世纪90年代中后期，在当时，经济社会的快速转型造成了大规模的职工下岗情况，并由此催生了贫困和弱势群体问题，也就是说，最初"困难群体"概念的提出与我国社会转型密切相关，且与"社会弱者群体""弱势群体""社会脆弱群体"等存在重叠或等同的现象。郑杭生在《转型中的中国社会和中国社会的转型》一书中提出社会脆弱群体是指凭借自身力量难以维持一般生活

---

[1] KWON J S. Current status and challenges of lifelong education projects for low-income groups [J]. Asia-pacific journal of convergent research interchange, 2020, 6 (12).

[2] DAHROUGE S, HOGG W, WARD N, TUNA M, DEVLIN R, KRISTJANSSON E, TUGWELL P, POTTIE K. Delivery of primary health care to persons who are socio-economically disadvantaged: does the organizational delivery model matter [J]. Bmc health service research, 2013, 13 (517): 1-12.

[3] DE FRANÇA V H, MODENA C M, CONFALONIERI U. Equality and poverty: views from managers and professionals from public services and household heads in the Belo Horizonte Metropolitan Area, Brazil [J]. International journal for equity in health, 2020, 19 (1): 132-149.

标准的生活困难者群体。① 陈成文在《社会弱者论》中，提出社会弱者群体是一个在社会资源分配上具有经济利益的贫困性、生活质量的低层次性和承受力的脆弱性的特殊群体。② 庞娜在《困难群体的社会保障问题探析》中提出困难群体是政治学、社会学和社会政策研究等领域中的核心内涵，目前我国的困难群体主要是指在社会转型期出现的一类特殊群体。③ 李青在《全面建设小康社会中的困难群体问题及其消解》中指出，所谓困难群体，是指现实生活中存在的一些经济收入、生活水平较低，需要社会给予特殊关爱和援助的人群，主要包括三种类型，即特殊性困难群体、结构性困难群体和意外性困难群体。④ 蒋建霞认为困难群体包括：贫困的农民，进入城市的农民工和城市中以下岗失业者为主体的贫困阶层。⑤ 民政部政策研究中心课题组在《关于社会服务发展演进与概念定义的探析》一文中从社会服务概念的视角审视困难群体，将困难群体归于社会边缘群体的内涵之中，并认为社会边缘群体一般为：老人、穷人、失业者、单亲家庭等缺乏维持最低标准生活能力的社会阶层。⑥

---

① 郑杭生. 转型中的中国社会和中国社会的转型 [M]. 北京：首都师范大学出版社，1996：12.
② 陈成文. 社会弱者论 [M]. 北京：时事出版社，2000：21.
③ 庞娜. 困难群体的社会保障问题探析[J]. 中国民政，2005，22（8）：31-32.
④ 李青. 全面建设小康社会中的困难群体问题及其消解[J]. 马克思主义研究，2003，21（1）：15-18.
⑤ 蒋建霞. 从困难群体全面发展的角度看"共同富裕"理想的实现[J]. 福建理论学习，2003，12（7）：37-40.
⑥ 民政部政策研究中心课题组. 关于社会服务发展演进与概念定义的探析[J]. 中国民政，2011，28（6）：4-6.

从经济角度看，困难群体主要指低收入群体。樊平指出，低收入群体是具有劳动能力但在投资和就业竞争上居于劣势、且只能获得较低报酬的社会成员，低收入群体在贫困生活标准和群体生活状态上属于贫困群体，但是二者在整体社会特征上又有质的区别，并指出中国城镇低收入群体中在业贫困者数量呈增加趋势。[①] 马西恒认为，经济快速转型导致居民收入分化，当时的低收入群体主要包括亏损企业职工群体、纯农群体、失业者群体、离退休职工群体、农民工群体等。[②] 国家统计局指出，低收入只是一个相对概念，它普遍存在于任何地方和任何时期。无论一个国家或地区的富裕程度如何，总有一部分人仍处于收入相对较低的状态，其在研究报告中的低收入群体由贫困人口及贫困边缘人口组成，贫困边缘人口是指初步解决温饱但基础还不稳固随时可能返贫的低收入人口，报告以最低20%收入阶层的人均消费支出作为我国低收入群体的划分标准，即当人们收入低于这一水平时，将其纳入低收入群体。研究发现，城镇低收入群体以下岗失业人员和"非正规就业"为主，农村低收入群体主要在中西部经济落后地区。[③] 概言之，学术界对我国低收入人群主要存在三种不同的理解：一是将低收入与贫困等同起来，认为低收入是收入不足以维持基本生活需要的一种状态。[④] 二是将贫困与低收入区分开来，一种

[①] 樊平. 中国城镇的低收入群体——对城镇在业贫困者的社会学考察[J]. 中国社会科学, 1996, 17 (4): 64-77.
[②] 马西恒. 当前中国的低收入群体[J]. 社会, 1997, 12 (5): 4-5.
[③] 国家统计局宏观经济分析课题组. 低收入群体保护：一个值得关注的现实问题[J]. 统计研究, 2002, 12: 3-9.
[④] 厉以宁. 论共同富裕的经济发展道路[J]. 北京大学学报（哲学社会科学版），1991, 37 (5): 3-13+128.

认为贫困包含了低收入，认为贫困群体不仅包括一部分低收入，而且包括没有劳动能力没有固定收入来源的无业和失业社会成员。① 另一种是认为低收入包含了贫困，认为着力提高低收入群体收入水平是一项极为复杂和艰巨的工程，因为低收入群体不仅包括城乡贫困群体，还包括城乡大部分收入低的体力劳动者。② 三是将低收入理解成解决绝对贫困问题之后的一种相对贫困状况。例如，池振合、杨宜勇认为，研究中的"低收入"和"相对贫困"所指代的事物具有相同的本质属性，都指收入水平不能维持社会认可的基本生活，所以低收入群体就是相对贫困群体。③ 黄征学等认为，绝对贫困只是低收入的一部分，与低收入更相似的是相对贫困，而学界一般是以低于社会平均收入的一定比例作为相对贫困衡量标准。④ 在政府发布的政策文件中，对于低收入群体的界定，一是统计调查定义，即将所有家庭收入按五等份划分，处于底层20%的家庭即为低收入户；二是社会政策的定义，即实施社会政策时所界定的人群范围，通常将低收入界定为人均收入高于低保标准、低于低保标准的一定倍数（通常为1.5或2倍）的群体，或者将低收入界定为低保标准的一定倍数以下的所有群体。按照现行的政策规定，低收入人口主要由兜底保障人群（如低保、

---

① 樊平．中国城镇的低收入群体——对城镇在业贫困者的社会学考察[J]．中国社会科学，1996，17（4）：64-77．
② 杨云善．着力提高低收入者收入水平的基本途径[J]．社会主义研究，2006，29（3）：50-52．
③ 池振合，杨宜勇．城镇低收入群体规模及其变动趋势研究[J]．人口与经济，2013，34（2）：100-107．
④ 黄征学，潘彪，滕飞．建立低收入群体长效增收机制的着力点、路径与建议[J]．经济纵横，2021，37（2）：38-45．

特困供养人员、其他社会救助对象)、易返贫致贫人口、临时救助对象、支出型贫困以及存在贫困风险等人群组成，这是目前兜底保障政策的重点关注对象。[①] 例如，山东省在具体政策制定方面，按照"大救助"的格局理念，稳妥地推进低收入政策认定范围，出台了《关于低收入人口认定和信息监测的通知》，将低收入人口的范围界定为7类：特困人员、最低生活保障对象、低保边缘家庭成员、低保"单人保"其他家庭成员、易返贫致贫人口、因病因灾因意外事故等刚性支出较大或收入大幅缩减导致基本生活出现了严重困难人口、区县确定的其他低收入人口。

从社会角度看，困难群体主要泛指基于一定的原因，凭借自身力量难以维持一般的基本生活而需要政府或社会力量给予帮扶保障的社会群体。在困难群体中，还存在特殊困难群体，此类群体特指我国社会发展中处于整体性深度困难状态且因缺乏劳动能力而难以摆脱困境的特殊人群，其发展能力严重不足、社会脆弱性特点十分明显。从涵盖范围来看，特殊困难群体分为困难老年人、困难儿童和重病重残困难群体等。[②] 在2021年国务院新闻办公室发布的《人类减贫的中国实践》白皮书中，特殊困难群体包括困难老年人、困难儿童和困难残疾人群体，这与我国民政部门的政策实践一致，目前各地民政部门高度重视为特殊困难群体编织"保障网"，为丧失或部分丧失劳动能力的特殊困难群体（老年人、未成年人、重病重残）

---

① 杨立雄. 低收入群体共同富裕问题研究[J]. 社会保障评论, 2021, 5(4): 70-86.

② 苗政军. 脱贫攻坚中特殊困难群体帮扶问题研究[J]. 行政与法, 2020, 37(12): 23-30.

现有文献中促进困难群体增收的策略，大致可以分为国家政策层面、社会层面和个人层面三方面。从国家政策层面出发，我国要不断完善针对困难群体的帮扶政策体系，包括加大产业政策、就业政策、人力资源政策、收入分配政策等，使得各项帮扶政策相互衔接更好地发挥对困难群体帮扶功能。[1] 政府促进困弱群体发展的社会政策尤为重要，相关社会政策应该更加完善和强劲有力。[2] 从社会层面来看，要进一步完善社区网络化管理，加强网络监管，将街道网络作为承担困难群体信息采集工作的主要载体，做好困难群体的信息采集和动态化的更新工作，提高对困难群体精准的关注度和管理能力。[3] 同时，各城市应当结合当地困难群体的特征，想方设法地提高其"相对收入和收益"，通过发挥公共服务的补偿、补贴、扶持等，降低困难群体的相对剥夺感。鉴于困难群体在面对社会风险时抵抗能力较低，社会也应当有效发挥基层治理功能，在常态化帮扶下提升困难群体自身的生存韧性。[4] 从个人层面来看，健康与教育是影响困难群体收入水平的关键性因素，困难群体要注重自身人力资本的积累，包括通过注意日常的作息和

---

[1] 潘华. 中国低收入群体增收的影响因素与实现路径研究[J]. 宏观经济研究, 2020, 66 (9): 130-139.
[2] 王思斌. 困弱群体的共进性富裕及社会工作的促进作用[J]. 中国社会工作, 2021, 34 (1): 6.
[3] 国家发展改革委就业和收入分配司调研组. 下大力气促进城乡低收入群体增收[J]. 宏观经济管理, 2017, 33 (8): 26-32.
[4] 项迎芳, 王义保. 提升城市低收入群体幸福感的逻辑进路[J]. 理论探索, 2021, 38 (1): 83-91.

饮食习惯提升健康水平，积极主动向周围人学习，提升职业技能等。①

（二）社会救助

社会救助这一思想古已有之，但开现代社会救助之先河的是1601年英国的《济贫法》，它是第一次由国家通过立法形式直接出面对贫民实施救济的一部法律。随后20世纪初，社会工作在欧美工业化国家已成气候，因此社会工作者针对"济贫"这一类代表旧的伦理思想的旧概念，提出了"公共援助"的新概念，"公共援助"后来又衍生出"社会救助"。②一般来说，社会救助是指那些旨在帮助困难的个人、家庭或者社群以满足基本生活保障以及改善生活水平的所有举措。它通常包含四大要素：一是救助资格确定要通过目标定位（targeting），最常见的目标定位手段是家计调查；二是面向贫困家庭或个人等社会困难群体；三是以现金或实物/服务为支付形式；四是实行非缴费制，经费来源以国家财政拨款为主。③到目前为止，世界上的绝大多数国家都实行了以保障全体公民生存和基本生活权利为目标的社会救助，但由于社会救助是一个动态的、历史的概念范畴，不同国家由于社会经济、价值观念和文化传统方面的差异，各国政府实施的社会救助制度也呈现出多样性并存的明显差异，社会救助项目设置方面差别较大。

---

① 程名望，Jin Yanhong，盖庆恩，史清华. 农村减贫：应该更关注教育还是健康？——基于收入增长和差距缩小双重视角的实证[J]. 经济研究，2014，60（11）：130-144.
② 郑功成等. 中国社会保障制度变迁与评估[M]. 北京：中国人民大学出版社，2002：207.
③ 卢汉龙. 2006—2007年上海社会发展报告：关注社会政策[M]. 北京：科技文献出版社，2007：35，92.

根据给付的形式，所有社会救助项目都可以被划分为两类：现金型社会救助和实物型社会救助。

现金型（cash）社会救助，顾名思义，就是为目标群体直接提供现金支持，即救助金。一般而言，现金支持只能帮助目标群体维持某种最低的生活水平，因此这类现金型社会救助又被称为"最低收入支持项目"。最低收入支持可以依照实施模式进一步分为两类，即普遍型和选择型。普遍型最低收入支持项目的实施依据给定的最低收入线，一般是贫困线，凡是收入水平在最低收入线或贫困线以下的个人或者家庭均有资格获得救助，不论救助对象是否具有就业能力。至于贫困线的划定，各国依各自的国情不同而有所不同。选择型最低收入支持则根据某些社会人口学特征，例如老年人、残疾人、妇女、儿童等，选择性地确定受益对象的范围，然后再通过家计调查来进行目标定位。

实物型（in-kind）社会救助乃是为受益对象提供物品救助或者某些特定的社会服务。一般来说，物品主要是食品、住房等生活必需品；而社会服务则是那些能够帮助受益对象提高其劳动能力的各种服务，例如医疗、教育、就业服务等。当然，社会服务救助实际上归根结底还是需要现金，但是由于这些项目的救助金有专门的用处，因此一般归属于实物型社会救助。

一般而言，在发达国家中，各种类型的社会救助项目都存在，而且往往以普遍型最低收入支持项目为轴心。由于社会信用体系相对发达，这样就为有效的家计调查提供了良好的客观环境；即使如此，福利欺诈问题在发达国家也存在。相反，在发展中国家，最低收入支持项目相对不重要，甚至根本就不存在；其社会救助的重点是实物型的项目。社会救助项目的种类划分如表1-1所示：

表1-1 按支付形式划分的社会救助类型

社会救助	现金型	普遍型	对所有收入低于贫困线的公民提供收入支持
		选择型	先选择特殊类型群体，再通过家计调查或其他条件给予收入支持
	实物型	物品	食品、燃料等
		社会服务	医疗、教育、住房、法律救助等

在中国，学术界对"社会救助"一词的使用是在20世纪80年代末至20世纪90年代初开始的，之前一直使用的是"社会救济"一词。官方对"社会救助"一词的使用更晚，2002年国务院发表的《中国劳动和社会保障状况》白皮书中还把我国社会保障体系的内容之一称之为"社会救济"，而2004年国务院发表的《中国社会保障状况和政策》白皮书则把这一内容与2002年白皮书中的另一内容"社会互助"合并称之为"社会救助"，这标志着官方对"社会救助"一词的正式使用，同时从这一转变还可以看出"社会救济"主要指的是政府行为，而"社会救助"则既包括政府的行为，又包括社会的行为。

社会救助是指国家和社会面向由贫困人口与不幸者组成的社会困难群体提供款物接济和扶助的生活保障政策，它通常被视为政府的当然责任和义务，采取的是非供款和无偿救助的方式。① 在我国社会保障体系中，社会救助制度居于基础性地位，这是由公民的受助权利和贫困的相对性决定的，不会随着社会保险与社会福利的发展而发生改变。同时，社会救助是维护社会稳定的重要制度安排，是党全心全意为人民服务的集中体现，在全面建成社会主义现代化强国和迈向共同富裕的过程中居于基础性地位。社会救助的基础性地位决定其是应该重点保证、优先安排的社会保障制度。

在我国社会救助的实践中，普遍型的最低收入支持项目——最低生活保障2007年年末才最终基本替代了选择型的最低收入支持项目——"三无"人员救济以及特困户救济等普及全国，但提供社会服务的实物型社会救助，包括医疗救助、教育救助、住房救助等方面目前仍处于初期发展阶段，同时民间社会互助力量也十分薄弱。总之，从实践来看，中国的社会救助是一个包含多种制度和项目在内的大体系，是国家和社会为了向贫困人口和不幸者组成的社会脆弱群体提供款物接济和扶助的各种制度安排的总和。中国社会救助发展的长远战略目标应该是从单项救助向综合救助、从生存型救助向发展型救助、从维持温饱型救助到追求一定的生活质量型救助发展。②

（三）有条件现金转移支付计划

有条件现金转移支付计划是最早在拉美地区出现的一种新型社会救助项目，本质属于选择性的现金型救助，即现金救助的给付是带有条件的，这些条件的设定有利于被选择的家庭在

---

① 郑功成．社会保障学——理念、制度、实践与思辨［M］．北京：商务印书馆，2002：13-14．
② 郑功成．中国社会保障改革与发展战略［M］．北京：人民出版社，2008：244．

人力资本方面进行投资,以期实现长期内消除贫困的目标。具体而言,传统的现金救助其救助金的发放是无条件的,受助家庭只需满足家计调查的要求,即收入和资产符合相关规定,而有条件现金转移支付项目要求受助家庭在满足收入和资产相关规定之外,还要满足其他条件的约束,如履行在教育、健康、培训、营养等方面的义务,这有助于受助家庭积累人力资本,从而有效避免贫困代际传递,从根本上解决贫困问题。

1990年,伴随着拉美经济发展模式的转变与调整,各国社会保障制度在新自由主义思潮的影响下纷纷开始改革,改革主要集中在社会保险制度,尤其是养老保险方面,参照物是智利20世纪80年代初的养老保险私有化改革方案,一时间拉美地区成了以养老保险私有化改革为核心的社会保障制度改革的试验室,希望以此改变原有社会保障制度的碎片化与非公平性,但改革并没有使社会保险的覆盖面得到有效扩张,反而出现了实际有效覆盖面减少的情况,也就是说,改革仍然把穷人排斥在社会保障制度之外,社会保障的不公平性还在延续,拉美各国政府寄希望于社会保险制度来解决贫困问题的愿望落空。20世纪90年代中后期,在贫困与困难群体问题依然十分严峻的状况下,由于社会保险和传统的边缘性社会救助均无力应对以上问题,拉美各国政府不得不寻找解决问题的新思路并尝试社会救助的改革,在这时,刚形成不久的发展型社会政策理论进入一些拉美政治家的视野,巴西和墨西哥率先实施了社会救助改革并建立了新型的社会救助项目,即巴西的家庭津贴计划和墨西哥的机会计划,这些新项目把救助资格与个人就业、教育培训和医疗服务等人力资本发展政策结合在一起,以提高穷人的教育水平和健康状况。其后,许多拉美国家纷纷效仿，对传统社会救助进行了改革与调整，建立了一批新型的社会救助项目（见表 1-2）。有条件现金转移支付计划随后扩展至东南亚发展中国家，甚至一些发达国家也引入了有条件现金转移支付计划，实施该计划的国家已达 60 多个。

表 1-2　拉丁美洲部分国家有条件现金转移支付计划

国家	现行计划（起始时间）
墨西哥	机会计划（1997）
巴西	家庭津贴计划（2003）
牙买加	通过健康和教育推动发展计划（2002）
阿根廷	为了孩子——社会保障覆盖计划（2005）
厄瓜多尔	人类发展救助计划（2003）
智利	团结计划（2002）
萨尔瓦多	农村团结社区计划（2005）
哥伦比亚	家庭行动计划（2001）、有条件学校救助计划（2005）

资料来源：郑皓瑜. 拉美国家扶贫政策研究 [M]. 北京：对外经济贸易大学出版社，2013：83-84.

二、理论铺垫

（一）社会安全网理论

安全网的概念在 1990 年年初被世界银行作为在发展中国家减少贫困的重要战略措施进行倡导，这之后流行起来。关于社会安全网，主要有广义和狭义的理解，尚晓援（2001）指出，安全网在使用中通常有两种含义：第一种含义是将安全网视为一种具有特殊含义和意识形态背景的政策手段。一方面，安全网主要指政府通过社会救助或收入支持的方式对社会上最困难的群体提供最低生活水平保障的政策;另一方面,安全网指在经济转型阶段,对由于转型而受到负面冲击的最困难群体提供补偿性的临时救济。以上的理解是狭义的社会安全网。第二种含义则是指在人们遇到困难时可以得到帮助的社会保护网络,即由全体社会成员形成的社会网络中,实际上就存在着一张安全网,每个社会群体都有自己独特的方式应对最困难的状况,在政府为人们提供帮助之前,人们在困难时广泛地依赖家庭成员、亲属、朋友、社区、社会上宗教或非宗教的慈善组织或慈善活动提供的帮助,[①] 这其实是一种广义上的社会安全网。

从广义层面看,社会安全网泛指一切能够抵御社会风险,保护全体社会成员尤其是弱势群体的基本生存权利的正规和非正规制度的总和。在广义社会安全网的理论下,研究主要聚焦于两方面:一是从社会保障的意义与功能去认识社会安全网,类似的对社会保障功能的形象表述还包括"安全屏藩""保护网""安全阀"等[②],并对社会安全网的概念和关键要素等进行深入的研究。朱玲(1999)将社会安全网定义为"由那些具有保险、救助和服务等防范风险和不确定性功能的正规和非正规制度构成的社会保护体系"。[③] 乐章等(2001)也从广义的角度将城市居民的社会安全网界定为:在一定社会经济条件

[①] 尚晓援. 中国社会安全网的现状及政策选择[J]. 战略与管理, 2001, 9(6): 1-11.

[②] 乐章, 陈璇. 城市居民的社会安全网[J]. 华中科技大学学报(社会科学版), 2001, 29(4): 56-62.

[③] 朱玲. 试论社会安全网[J]. 中国人口科学, 1999, 13(3): 11-17.

下，为解决或避免居民因各种原因导致的经济生活困难，包括国家、社会组织、家庭及其他社会成员为维持个体基本生活所必需消费的商品和服务的最低费用，所提供的社会保障措施与社会支持途径所组成的网络体系。它也可以理解为是架设在贫困边缘上的一道防护网，是立足于城市居民最基本生活需求上的包括家庭、社会、国家政府的种种反贫困的途径与措施。[①]苏映宇（2009）指出，现代意义的社会安全网主要是指政府或社会通过政策手段或社会救助为遭遇困难的社会弱势群体提供帮助的社会保护体系，由具有保险、救助和服务等防范风险功能的各种正式制度与非正式制度组成。[②] Jeffrey Alwang 等（2011）认为安全网计划的目标群体包括穷人和弱势群体，是一种非缴费型转移支付，既能起到收入转移的作用，又能起到保险的作用，通常提供短期帮助，并在响应特殊事件时被调用。在形式上，安全网可以是正式的，也可以是非正式的。正式安全网包括直接现金转移等干预措施、分发食品或服务（如医疗保健）的努力、现金或食品创造就业活动、基本商品的定向或一般补贴、紧急情况下的费用减免等方面。非正式安全网包括与家庭或社区成员分享资源和接受贷款，以及社区或部落群体之间的互助安排。基于社会风险管理视角，作者指出，安全网设计的关键要素包括：1. 充分性，安全网需要"足够强大"以满足危机造成的需求；2. 成本效益和可持续

[①] 乐章，陈璇. 城市居民的社会安全网[J]. 华中科技大学学报（社会科学版），2001，29（4）：56-62.

[②] 苏映宇. 国外失能老人社会安全网体系的比较分析与借鉴[J]. 江西农业大学学报（社会科学版），2009，74（2）：89-92，150.

性；3. 激励相容，需要考虑到目标和激励的兼容性。① 二是认为社会安全网是一个多层次的社会保护体系，有学者针对此开展了具体的国别研究。比如，Tat-Kei Ho 和 Lang（2013）基于 2007 年至 2010 年间约 400 个地级市和地区的财政支出数据，对中国社会安全网与就业救助支出（这些项目包括退休政府雇员和党员干部的养老金制度，退役军人的养老金和补助，政府对企业改革的补贴，对残疾人的救助，自然灾害后对家庭和个人的救助，临时失业救助，就业再培训和过渡计划，针对贫困线以下家庭的补贴和救助方案，工人健康保险等）进行了分析。研究发现，与许多西方国家不同，中国在社会安全网和就业援助支出方面奉行高度分权政策，各省之间和各省内部在上述项目的支出方面存在很大的差距，这主要是由一个城市的总体支出限制和试图追求经济竞争力的发展战略造成的。如何在不损害经济增长的情况下实现社会公平与和谐，以及在社会安全网支出中应实施多大程度的财政中央集权，同时又不丧失政策设计和实施中的太多地方灵活性和创新性，将是中国政府面临的挑战。② Moffitt（2013）将美国的社会安全网划分为社会保险和需经家计调查的转移支付两类，其中社会保险计划的资格与就业情况或年龄有关，而家计调查转移支付计

---

① ALWANG J, NORTON G W. What types of safety nets would be most efficient and effective for protecting small farmers and the poor against volatile food prices [J]. Food security, 2011, 3 (s1): 139-148.
② TAT-KEI HO A, LANG T. Analyzing social safety net and employment assistance spending in Chinese cities [J]. Australian journal of public administration, 2013, 72 (3): 359-375.

划与低收入和低资产有关。① Moffitt 等（2020）在后续研究中，进一步细化了美国社会安全网的构成项目，社会保险包括社会保障退休和遗属福利、残疾保险（美国为长期遭受贫困的人制定的计划）、医疗保险（为残疾人和老年人制定的医疗保健计划）、失业保险和工人赔偿。家计调查转移支付则包括医疗补助（家庭和个人医疗计划）、补充保障收入、老年人、盲人和残疾人现金福利方案、贫困家庭临时救助、补贴住房救助、儿童保育补贴以及补充营养救助方案。此外，与就业直接相关的其他关键的家计调查计划还包括两项税收抵免：收入所得税抵免和儿童税收抵免。刘湘丽（2020）将日本的社会安全网视作一个具有三层结构的国家制度体系：第一层由社会保险与就业政策组成，旨在保护劳动者的就业安定，以加入雇佣保险的劳动者为对象。第二层由生活福利资金特例贷款、住房补助、求职者支援制度等组成，旨在提供生活与求职方面的援助，以长期失业者等为对象。第三层是生活保护制度，保障低收入贫困家庭的基本生活需求。日本的社会安全网以劳动政策为主纲，社会安全网的设计初衷，是尽可能用第一层网和第二层网来救助社会弱者，避免让这些人坠落到最下层的生活保护制度，也就是说生活保护制度是设在贫困边缘的最后一张"网"。②

从狭义层面看，社会安全网特指面向贫困与弱势群体的、

---

① MOFFITT R A. The great recession and the social safety net [J]. The annals of the American academy of political and social science, 2013, 650 (1): 143-166.

② 刘湘丽. 强化社会安全网：日本新冠疫情期间的劳动政策分析[J]. 现代日本经济, 2020, 39 (6): 12-27.

作为最后手段的社会保护措施，在很大程度上等同于社会救助。在狭义安全网理论下，研究主要聚焦于两方面：一是关注社会安全网的含义、功能和目标群体等，认为社会安全网主要针对贫困和弱势群体，以政府救助为主要形式。例如，Mesfin Bezuneh 等（1997）认为"安全网"是社会解决最弱势群体需求的术语，特别是那些安全受到经济增长和变革进程威胁的人，潜在的目标群体包括：流离失所的人；低于某一可界定的贫困线的弱势群体；难以充分共享经济增长成果的人，如病人、残疾人和老年人。① 左停等（2004）将社会安全网视为应对贫困的重要措施，社会安全网不仅包括在风险冲击后向穷人提供临时救济和补助，即应对风险，还包括在风险来临前帮助穷人预防风险。② Barrientos 等（2009）将社会安全网定义为一项主要由政府财政承担筹资责任，旨在保障贫困与弱势人群基本生活的非缴费型转移支付（non-contributory transfer）项目，以减少贫困作为重要目标。③ 二是针对社会安全网功效的国别研究，指出目前各国的社会安全网还有许多尚待完善之处。例如，Devereux（2002）在反贫困框架内，将社会安全网定义为公共资助的收入转移方案，并基于对南部非洲的案例研究，发现社会安全网远非仅仅是缓解暂时和生计冲击的残补式

---

① BEZUNEH M, DEATON B. Food aid impacts on safety nets: theory and evidence: A conceptual perspective on safety nets [J]. American journal of agricultural economics, 1997, 79 (2): 672-677.

② 左停, 徐秀丽, 齐顾波. 构筑农村社会安全网：缓解农村贫困的战略性制度创新[J]. 中国农村经济, 2004, 20 (12): 53-58.

③ BARRIENTOS A, HULME D. Social protection for the poor and poorest in developing countries: Reflections on a quiet revolution [J]. Oxford development studies, 2009, 37 (4): 439-456.

福利主义干预，而是可以在减少长期贫困方面发挥重要作用，即安全网可以同时具有"保护"和"促进"作用，但可持续的减贫需要加强市场作用，保证获得生产投入和基本服务，而不仅仅是目标狭隘的收入转移。① Haider 和 Mohammed（2017）将社会安全网视为社会救助，其指出，孟加拉国政府启动社会安全网计划的目的是减少收入的不确定性和可变性，以维持国民的最低生活水平，促进本国的人权和社会保护。孟加拉国的社会安全网包括现金和实物转移、小额信贷计划以及针对寡妇、残疾人、孤儿、老年人和其他弱势群体的有条件现金转移，每个方案都有自己的目标和程序，但这些方案的覆盖面窄，覆盖的目标人群非常少，且多个社会安全网方案通常为同一受益者服务，而且受益者往往是那些不需要援助的人。② 白晨等（2018）指出，最低生活保障制度是中国社会安全网中的重点内容，并运用二阶段嵌套泰尔指数分解法，考察了城镇最低生活保障制度筹资的空间不平等性及其结构特征，指出低保作为全球最大的无条件现金转移项目存在横向不平等，这不仅从短期来看会极大削弱社会安全网的公平性，而且从长远来看还将进一步加剧相对贫困。③

无论是从广义还是狭义上理解社会安全网，其基本内涵都在于缓解社会成员尤其是弱势群体在遭受社会风险时受到的冲

---

① DEVEREUX S. Can social safety nets reduce chronic poverty？[J]. Development policy review, 2002, 20（5）: 657-675.
② HAIDER M Z, MAHAMUD A. Beneficiary selection and allowance utilization of social safety net programme in Bangladesh [J]. Journal of human rights & social work, 2017, 2（1-2）: 1-7.
③ 白晨，顾昕. 中国社会安全网的横向不平等——以城镇最低生活保障为例[J]. 中国行政管理, 2018, 34（1）: 109-115.

击，并兜住社会成员的生存底线，以降低贫困为重要目标。

（二）发展型社会政策理论

发展型社会政策理论诞生于1990年，其产生的现实背景和首要推动力量与西方福利国家对全球化挑战的回应以及重构国家合法性的努力密不可分，发展型社会政策理论常被冠以不同名称，如生产主义社会政策、福利的第三条道路理论等，其核心是将社会政策看作提升劳动力的素质和能力发展的手段并关系国家的可持续发展，① 力争协调经济和社会发展的关系，实现共同进步。②

以英国的吉登斯为代表的一批学者通过自己的研究开始做出一些重塑国家合法性的努力，他们的思想也深深地影响了西方福利国家的政府行政和社会政策的实践。作为"第三条道路"的倡导者，吉登斯要求福利国家从观念到结构更新：重新界定政府与个人之间的契约关系，改"福利国家"为"社会投资型国家"，从个人争取政府的保护，转变为个人寻求"自主与自我发展"，政府的功能应当从提供经济援助改变，然后进行人力投资，政府与公民之间的关系要全面调整。吉登斯明确提出社会投资福利战略和积极福利制度、福利社会等概念，提出建设一种能增强社会包容性，但又不限制个人对自己风险的责任、鼓励个人积极创造的积极性福利制度的改革方向。这种积极福利不是要取消福利国家的开支，而是改变开支的方向，从福利消费支出，改为教育、培训、创造就业机会、

---

① 张秀兰，徐月宾，梅志里. 中国发展型社会政策论纲［M］. 北京：中国劳动社会保障出版社，2007.

② MIDGLEY J. Defining social development: historical trends and conceptual formulations［J］. Social development issues, 1994, 16（3）: 3-19.

鼓励风险投资、弹性的工作制度等社会投资支出。①美国加州大学的社会福利学者詹姆斯·米奇利（James Midgley）是国际社会政策学界第一个真正明确、系统地提出"发展视角的社会福利观"的学者，他认为社会发展提供了一个广泛的、综合性的社会福利视角，他强调的是有计划地干预，提倡的是变化的、动态的方法，能包容多种不同的因素，兼顾整个人口的利益，最重要的是能使社会性的干预手段和经济发展的努力方向达成协调。他不仅认识到经济发展对于提高人们的生活有不可或缺的重要作用，而且能积极地将社会发展导向为社会目标，基于此，米奇利将社会发展定义为：与经济发展的动态过程一起协同促进人类福利的过程。② 社会发展提出的观点是，经济政策和社会政策必须相互结合，社会发展强调人类福利的提高要融入充满活力的经济发展的过程中。没有经济的发展，社会发展就没有可能，而如果没有人类整体福利的大幅提高，经济发展也就失去了意义。社会发展支持者相信，经济和社会政策结合得更紧密能提高所有人的福利。③

近些年，关于发展型社会政策的研究主要集中在两方面：一是在发展主义背景下对社会投资及其政策含义的探讨。Midgley 和 Tang（2001）认为，投资于人力资本、投资于就业和自营职业、投资于社会资本形成、投资于资产开发等社会投

---

① 张伟兵. 发展型社会政策理论与实践——西方社会福利思想的重大转型及其对中国社会政策的启示[J]. 世界经济与政治论坛, 2007, 27（1）：88-95.

② （美）詹姆斯·米奇利. 社会发展：社会福利视角下的发展观 [M]. 上海：格致出版社, 2009：135.

③ 林闽钢. 现代西方社会福利思想：流派与名家 [M]. 北京：中国劳动社会保障出版社, 2012：140-141.

资方式是结束社会福利和经济发展分割，推进社会福利进步发展的有效手段。① Hemerijck（2015）认为，社会投资政策最能体现在改善人力资本、支持妇女经济活动（工作、家庭协调和就业关系）等社会政策领域，并具有以下功能：提高人力资本和能力"存量"的质量，维持强有力的最低收入普遍安全网作为社会保护和经济稳定的"缓冲器"。从社会投资政策的角度分析，社会政策与经济绩效之间的关系在很大程度上取决于微观、中观和宏观层面的制度条件。通过这些条件，可以确定、设计和选择生产性社会政策，形成功能上相辅相成的一揽子政策。社会政策功能相互加强的一个很好的例子就是，对工作贫穷家庭的最低收入保护，再加上为其子女提供高质量的教育服务，可以同时提高两者的效力，收入支持可以减轻家庭压力，从而改善教育投资在打破贫穷代际传递方面的功效。② Smyth 和 Deeming（2016）则把"社会投资"思想与早期社会政策中的"生产主义"思想联系起来，认为从20世纪初开始，社会投资就一直是社会政策的基本理念，经济增长的目标应该包括更大程度的社会包容和社会权利的实现，过去将重点放在以经济增长作为发展的唯一先决条件的做法已经逐渐被发展得更全面的理解所取代，这种理解将社会政策置于发展和减

---

① MIDGLEY J, TANG K L. Social policy, economic growth and developmental welfare [J]. International journal of social welfare, 2001, 10(4)：244-252.

② HEMERIJCK A. The quiet paradigm revolution of social investment [J]. Social politics international studies in gender, state & society, 2015, 22(2)：242-256.

贫的中心。① 二是在发展型社会政策理论思想指导下，越来越多的学者将关注具体国家的社会政策与经济发展状况，对社会政策与经济发展等的关系进行了总结，提出了促进社会发展的策略和方向。王思斌（2007）将发展型社会政策视为我国处于发展中国家行列和存在大规模贫困群体的状况下的一种理性的社会政策选择，认为实行发展型社会政策可以把社会政策与促进就业和经济发展等有效结合起来。② Kwon 等（2009）对后工业化国家社会政策和经济发展的状况进行考察后发现，在成功的后工业化国家，社会政策已被用作经济发展的一个组成部分，并且东亚的社会政策还被扩大到促进社会团结方面，这表明社会政策是多功能的，不仅表现在社会保护方面，还体现在经济发展和民主治理方面。③ Kangas 和 Palme（2009）通过对北欧福利国家政策发展模式分析后发现，尽管北欧国家的社会支出很高，但却依然表现出高度的繁荣和经济快速的增长，并且对人力资本和社会服务的投资对于劳动力供应和生产力的提高都是至关重要的，所以将有效的社会保护与竞争性、以增长为导向的经济发展相结合是可行的。④

---

① SMYTH P. DEEMING C. The social investment perspective in social policy: a longue Durée perspective [J]. social policy & administration, 2016, 50 (6): 673-690.
② 王思斌. 走向发展型社会政策与社会组织建设[J]. 社会学研究, 2007, 22 (2): 187-189.
③ KWON H, MKANDAWIRE T J. Introduction: social policy and economic development in late industrializes [J]. International journal of social welfare, 2009, 18 (s1): 1-11.
④ KANGAS O, PALME J. Making social policy work for economic development: the Nordic experience [J]. International journal of social welfare, 2009, 18 (s1): 62-72.

总之，发展型社会政策理论作为一种较新且正处于发展中的理论，其指导实践的效果仍待进一步检验，并且该理论也有自身的局限性，理论的创始人米奇利表示"社会发展并非世界所有问题的万能药"。[①] 毕竟，会导致社会问题的不公平不仅存在于人力资本、资产、社会资本等层面，政治、经济、社会、文化各方面的不平等都会引发社会问题，而这些层面的问题并非发展型社会政策所能应对。[②] 但是，发展型社会政策理论确实更新了许多传统观念，在社会政策领域具有创新性和革命性，它阐释了经济发展和社会发展的依存关系，形成了对社会政策认识的重大突破，对许多国家的社会政策改革实践提供了理论指导。另外，该理论的最新研究表明，社会投资具有丰富的政策含义，许多国家的实践已经证明把社会保护与经济发展结合在一起是完全可行的。

（三）社会保护底线理论

为应对 2008 年全球经济和金融危机，国际劳工组织与世界卫生组织共同发起了社会保护最低标准倡议。国际劳工组织社会保护部社会政策部门负责人 Christina Behrendt（2010）认为，社会保护最低标准概念对实现人权的贡献取决于各国政府、国际捐助者、国际组织和其他利益攸关方实现一套最低限度的社会保护权利的努力程度，这显然需要将社会最低标准的概念转化为国家社会保护的最低标准，其要素由各国政策优先

[①] MIDGLEY J. Social work and international social development: promoting a developmental perspective in the profession [M]. Washington, DC: NASW Press, 1997: 11-26.

[②] 唐兴霖，周幼平. 整体型社会政策——对发展型社会政策的理性认识[J]. 学海, 2011, 22 (5): 135-141.

事项、政策对话、机构、资源和行政能力所共同决定。① 国际劳工组织通过在 2009 年至 2011 年连续三年对世界各国的社会保障实施情况的调查发现，虽然《社会保障（最低标准）公约》（第 102 号）和其他较高水平的社会保障公约在很多高收入和一些中等收入国家已经得到了落实，但用这些标准来指导低收入、农村人口比重大、非正规就业人口多的国家发展和扩大社会保障似乎力不从心。另外世界各地的劳动力市场发生了巨大变化，失业率持续上升、非正规化就业不断增长和没有劳动保障的其他临时性工作的增加，导致许多国家的贫困程度上升，被排除在社会保障之外的人员增加。正如 Christina Behrendt（2019）指出，对自营职业者、边缘兼职工作者和临时工而言，社会保障的覆盖面仍存在巨大差距，因缴费能力有限、复杂的行政程序以及薄弱的法规和执行机制可能阻碍一些工人获得足够的福利。②

在上述背景下，2012 年 6 月，国际劳工大会通过《关于国家社会保护底线的建议书》（第 202 号），这份建议书将社会保护底线定义为：国家确定的一套基本社会保障，确保旨在防止或减轻贫困、脆弱性和社会排斥的保护。缴费和非缴费计划、税收措施、劳动政策、社会服务、职业培训、减少不稳定性的措施等共同构成了国家社会保护最低标准。③ 根据该建议

---

① BEHRENDT C. Crisis opportunity and the social protection floor [J]. Global social policy, 2010, 10 (2): 162-164.
② BEHRENDT C, NGUYEN Q A. Ensuring universal social protection for the future of work [J]. Transfer: European review of labour and research, 2019, 25 (2): 205-219.
③ ILO. Recommendation concerning national floors of social protection [J]. International social security review, 2013, 66 (3-4): 193-200.

书，国家社会保护底线应至少包括以下四项社会保障措施：1. 提供一系列构成基本医疗保健的商品和服务，包括产妇护理，满足可用性、可获得性、可接受性和质量标准；2. 儿童的基本收入保障，至少要达到国家规定的最低水平，并提供营养、教育、护理和其他任何必要的商品和服务；3. 为无法赚取足够收入，特别是在生病、失业、生育和残疾的情况下，处于工作年龄的人提供至少达到国家规定的最低水平的基本收入保障；4. 为老年人提供至少是国家定义的最低水平的基本收入保障。以上规定的四项社会保障反映了生命周期的方法，即社会保护应在生命周期的所有阶段提供。该建议书没有界定"儿童""活跃年龄"或"老年"等术语，即受助者应该受到哪个计划的社会保护并不是由年龄本身决定的，而是由其当前所处的状态决定的。例如，从事经济活动的人可能包括从事经济活动的儿童，以及超过领取养老金年龄的从事经济活动的人，这取决于国家的具体情况。建立全面的社会保护制度，为所有人提供强有力的、适合本国国情的社会保护底线，对于促进更公平和可持续的社会保护制度来说至关重要。在这方面，劳工组织第202号建议特别强调，各成员国要重新确定提供社会保障的选择顺序，优先考虑那些目前未受保护的、贫穷的、弱势的社会群体，譬如在非正规经济组织中的工人及其家庭，要为这些社会群体在他们的整个生命周期中提供有效的、基本的社会保障。

在这之后，学术界围绕社会保护底线展开了深入的研究，研究主要聚焦于以下三个方面：一是对社会保护底线概念和重要意义的探讨和反思。唐钧（2015）指出，从某种意义上说，社会保护底线概念的提出，是国际劳工组织在新形势下再度强调要对有需要的个人和社会群体提供安全保护,并希望世界各国对此作出可靠承诺的理念的新的表述。① 郭小东(2017)等认为,社会保护底线提供的是一套"低水平、全覆盖、多种类"的保障,在整个社会保障体系中,社会保护底线处于最底层,是政府必保的内容。② Kaltenborn(2017)认为社会保护底线意在克服极端贫困,是缩小社会保障权利差距的重要途径,而社会保障权通常需要发展更大和更持久的组织结构,政府必须确保"公正、透明、有效、简单、快速、方便和廉价的投诉和上诉程序"到位,这些程序"应向申请人免费提供",同时加强监管水平和立法,以提高福利的可预测性和透明度。③ Dijkhoff(2019)则强调,国际劳工组织对社会保护底线的定义反映了对社会保障结果的关注,而不是像《社会保障(最低标准)公约》(第102号)和其他社会保障公约那样对方法或技术的关注。④ 此外,社会保护底线倡议是国际社会对所有阶层而非仅仅是穷人或劳动者的"基本收入保障"和"基本医疗保健"的第一个重大承诺,意味着从20世纪后期以贫困或工人为中心到全民社会保护或"人人享有社会保护"的理念的转变,在全球范围内引发了重新思考社会保护

---

① 唐钧. 托底性民生保障的国际经验与借鉴[J]. 中国民政, 2015, 32(7): 30-32.
② 郭小东, 付升华. 社会保护底线支出、城镇偏好与城乡居民收入差距[J]. 社会保障研究, 2017, 20(2): 95-105.
③ KALTENBORN M. Overcoming extreme poverty by social protection floors-approaches to closing the right to social security gap[J]. Law & development review, 2017, 10(2): 237-273.
④ DIJKHOFF T. The ILO social protection floors recommendation and its relevance in the European context[J]. European journal of social security, 2019, 21(4): 351-369.

的高潮。虽然社会保护底线倡议在某种意义上是全球性的,但这种全球性又具有一定的局限性。Seekings(2019)指出,这可能是许多"全球社会政策"的典型特征:通过来自世界某些地区的行动者的压力而采取的政策,可能不会在世界其他地区产生强烈的影响,例如,许多南部非洲决策者根本不相信这一点,而是认为"施舍"鼓励了"依赖",这既破坏了发展,也违背了在整个非洲普遍存在的互惠和责任规范。①

二是基于社会保护底线的国别研究。景天魁(2013)的底线公平理论主张优先关注底层群众,他指出中低收入者和弱势群体是抗风险能力最差的群体,是社会保障和社会福利政策应当给予重点关注的群体,并将底线公平与社会保障"低水平"进行了严格的区分。根据我国国情,他将我国社会保护底线的范围界定为:基本的收入保障、基本的教育保障以及基本的健康保障,从政府财政支出的角度出发,则可以界定为低保支出、义务教育支出以及基本医疗卫生支出。② Hong 和 Kongshoj(2014)在对中国的社会福利改革进行研究时发现,改革后仍然存在福利水平偏低、资金不足、体系分散等问题,而这些问题是发展社会保护制度的障碍,建立一个普遍的最低社会保护标准仍然是一个长期目标。③ Peña - Miguel 等

---

① SEEKINGS J. The limits to "global" social policy: the ILO, the social protection floor and the politics of welfare in East and Southern Africa [J]. global social policy, 2019, 19 (1-2): 139-158.
② 景天魁. 底线公平概念和指标体系——关于社会保障基础理论的探讨[J]. 哈尔滨工业大学学报(社会科学版), 2013, 60 (1): 21-34, 4.
③ HONG L, KONGSHOJ K. China's welfare reform: an ambiguous road towards a social protection floor [J]. global social policy, 2014, 14 (3): 352-368.

(2015)对决定西班牙个人基本需求支出的因素进行了研究，将基本收入视为基于基本商品实际和当前消费的最低数额，是消除贫困的有效工具。基本收入根据每个个人或家庭的特点，以普遍、无条件、个性化的方式满足公民的基本需求，但这一基本社会保护最低标准并不意味着所有公民都将获得相同的金额，会根据个人和家庭特点进行调节。①

三是对社会保护底线中涉及的具体社会保障项目的探究。Scheil-Adlung 等（2015）指出，在社会保护底线的框架内实现全民医保目标需要做到以下四点：1. 有包容性立法，以提供普遍的保健服务；2. 有足够数量的熟练医疗卫生工作者，使所有有需要的人都能平等地获得优质服务；3. 有充足的资金，能够至少为全民医保提供基本的高质量医疗保健；4. 充分考虑医疗服务的可负担性和财政保护，以确保所有人都能获得服务，特别是避免因自付费用过多而造成的获取障碍和财政困难。②

综上所述，国家社会保护底线旨在作为一种工具，通过在整个生命周期内至少在基本层面上为所有人提供保健和收入保障，来预防和减少贫穷和社会不安全，即采取包括社会保险、医疗保健、社会救助、社会支持和护理、劳动力市场政策、税收政策、劳动力迁移政策和教育政策等在内的综合性的社会保

---

① PEÑA-MIGUEL N, ESTEBAN J P, FERNÁNDEZ-SAINZ A. Main factors for a proposal for a social protection floor [J]. Social indicators research, 2014, 123 (1): 59-76.
② SCHEIL-ADLUNG X, BEHRENDT T, WONG L. Health sector employment: a tracer indicator for universal health coverage in national social protection floors [J]. Human resources for health, 2015, 13 (1): 2-8.

护办法为社会成员提供基本保障。① 虽然劳工组织第202号建议可能首先是为了填补拥有大量非正规经济的中低收入国家在社会保障标准制定方面的差距而制定的，但它也是高收入国家的一个有用的工具。基于该建议形成的社会保护底线理论呼吁各国政府积极主动地解决诸如收入不平等程度高、老龄人口贫困风险增加、长期失业、贫困代际传递和儿童贫困等问题，为各国政府和社会伙伴制定扩大社会保护的国家战略提供了指导和帮助。

---

① DIJKHOFF T. The ILO social protection floors recommendation and its relevance in the European context [J]. European journal of social security, 2019, 21 (4): 351-369.

第二章

墨西哥的社会救助——机会计划

  墨西哥是率先进入中等收入国家行列的发展中国家之一，同时也是拉丁美洲地区社会发展较不平衡的国家之一，① 其贫富悬殊问题由来已久，亟待解决。为不断缩小贫富差距，提高人民的基本生活水平，墨西哥将消除贫困纳入国家社会发展规划，② 加大财政和人力投入，以加强社会安全网制度建设。在反贫困的道路上，墨西哥一直注重社会救助项目的发展性和多样性，如墨西哥政府先后实施的"团结互助"计划、"进步"计划以及"机会"计划，对贫困人口的卫生、食品以及教育形成一条关注链，在改善人们生活质量、扶贫减贫方面取得一定成效。③ 2001年，墨西哥将贫困分为食品贫困、能力贫困与资产贫困三种类型，后又将受教育权、享受健康和卫生服务、社会保障、住房面积和质量、住房基本水电设施、温饱、人均

---

① 郑皓瑜. 墨西哥贫困儿童教育问题及对策研究——基于联合国千年发展目标的视角[J]. 全球教育展望, 2015, 44 (7): 111-119.
② 刘坚. 考察墨西哥阿根廷的启示[N]. 市场报, 2006-03-20 (13).
③ 王文仙. 20世纪墨西哥城市化与社会稳定探析[J]. 史学集刊, 2014, (4): 56-65.

收入、社会凝聚程度等指标纳入多维贫困测量体系，① 并为符合条件的居民提供既满足当代基本生活需求又有利于下一代人力资本投资的救助服务。本章将从墨西哥一项中长期提高贫困家庭人力资本发展的社会扶贫计划——机会计划的产生与发展、计划主要内容和该计划实施的特点与成效三方面进行介绍。

第一节　产生与发展

墨西哥的经济发展处于全世界各国的中等水平，但社会发展严重不均衡，大量人口的生活状况甚至远低于最不发达国家的平均水平，② 严重影响该国人力资本的平等和均衡发展。20世纪末，墨西哥的赤贫人口占总人口数的29.3%，高达2800万人。经济收入的不足导致贫困人口难以获得充足的食物，其基本生活需求难以得到满足，营养状况、健康状况、学习及工作能力都受到了严重影响。除此之外，墨西哥贫困的主要特点之一为贫困人口以儿童为主，儿童的健康、教育权利保障受到了严重威胁，全国近1000万人口缺乏进行基本的健康检查的条件，150多万6~14岁无法上学的儿童数量达到150多万，偏远落后地区的文盲率、辍学率以及留级率均为全国平均水平

---

① 马莉，王广斌. 乡村振兴战略背景下相对贫困长效治理机制构建研究[J]. 湖北农业科学，2021，60（18）：212-216.
② 郑皓瑜. 墨西哥贫困人口人力资本投资的经验及对中国的启示——基于"机会计划"的分析[J]. 北京社会科学，2015（9）：123-128.

的3倍。① 可见,墨西哥贫困问题突出、地区发展极不均衡。为了使贫困人口获得经济上的支持和帮助,并缓解地区发展不均衡的问题,墨西哥历届政府采取了社会救助等反贫困措施与贫困做斗争,② 出台了各种扶贫计划和政策。

一、萨利纳斯政府时期的"全国团结互助计划"

早在1988年年末,萨利纳斯在就任总统时就正式宣布了实施"全国团结互助计划",以期同贫困做斗争,改善居民的生活条件,进而实现社会平等。自1982年爆发债务危机,墨西哥经济发展停滞,失业人数增加,人民生活困难,社会矛盾日益突出。为应对债务危机,墨西哥政府不得不对其经济发展模式和经济社会政策进行调整,同时,为赢得民众对其新自由主义改革的支持,萨利纳斯政府不得不对日益加剧的贫困问题进行关注和加以回应。③

团结互助计划针对农民、印第安人和城市贫民这三类群体,为其提供社会福利、生产和地区发展三个方面的救助服务。在社会福利与救助方面,确定了50多项具体的行动计划,包括社会福利计划、儿童团结计划、青年团结计划、妇女团结计划和教育基础设施计划等,即通过发展教育、医疗、卫生等方面来改善贫民的生活状况。团结互助计划最初由原城市发展

---

① 世界银行.2004年世界发展报告(中文版)[M].北京:中国财政经济出版社,2004.
② 张浩淼.发展型社会救助研究:国际经验与中国道路[M].北京:商务印书馆,2017:72.
③ 徐世澄.墨西哥政治经济改革及模式转换[M].北京:世界知识出版社,2013:222.

和生态部负责,后由 1992 年成立的社会发展部负责,其宗旨是同贫困做斗争,通过创造必要的物质、经济和社会条件来实现机会平等。① 据官方统计,在萨利纳斯政府执政 6 年内,团结互助计划共支出 518.187 亿新比索(约 166 亿美元),在教育、医疗卫生、住房等方面共实施了 52.3 万项扶贫工程,减少了贫困人数。不管团结互助计划的政治倾向、实施过程存在的弊端如何,不可否认的是,作为一项声势浩大的扶助贫困计划,团结互助计划在减少贫困,特别是在满足贫困居民的基本需求方面取得了一定的进展和成就,有利于缓解社会冲突的加剧进而维护社会的稳定。②

二、塞迪略政府的"教育、卫生和食品计划"

1994 年塞迪略就任总统后不久,墨西哥爆发了金融危机,贫困人数骤增,社会冲突加剧。在执政初期,塞迪略政府继续实施团结互助计划,并先后推出了几十项扶贫计划,采取各种措施与贫困做斗争,如紧急就业计划、学生早餐计划、家庭食品和营养计划、玉米饼补贴计划以及社会牛奶供应计划等。③ 1995 年年初,墨西哥全国约五分之一的家庭即 480 万家庭生活在极度贫困中,这些家庭的基本食品需求都无法得到满足,长期处于营养严重不良的生活状况中,其家庭成员的健康状

---

① 徐世澄. 墨西哥革命制度党的兴衰 [M]. 北京:世界知识出版社,2009:87.
② 徐世澄. 墨西哥政治经济改革及模式转换 [M]. 北京:世界知识出版社,2013:226.
③ 徐世澄. 墨西哥政治经济改革及模式转换 [M]. 北京:世界知识出版社,2013:227-228.

况、学习能力和工作能力都相应地受到了极大影响和限制。①随着墨西哥面临经济危机并寻求继续开放贸易，投资人力资本的想法似乎是一个减少支出和促进后代投资的解决办法，直接提供小学服务已不仅仅是消除贫穷政策的主要目标，还包括减少儿童死亡率、发病率和营养不良等方面。② 因此，为应对危机、减少贫困、改善不平等状况，实施团结互助计划的三年后即1997年，塞迪略政府宣布开始实施"教育、卫生和食品计划"（Programa de Alimentación, Salud y Educación, PROGRESA），也称为"进步计划"（Progresa），这一全国综合扶贫计划的实施也标志着团结互助计划的结束。该计划由教育部、卫健委和社会发展部联合共同制订和实施，是墨西哥政府第一个从教育、卫生和食品保障层面入手旨在综合解决贫困的扶贫计划。③

在教育方面，国家为家中有正在读小学三年级到中学三年级的18岁以下少年儿童的贫困家庭提供助学金，条件为接受助学金的家庭必须保证他们的子女达到85%的在校出勤率。同时，助学金的数额还随着学习年级的增加而增加，且发放给女童的助学金数额大于男童。④ 在卫生方面，关注贫困家庭所

---

① 郑皓瑜. 拉美国家扶贫政策研究：有条件现金转移支付计划 [M]. 北京：对外经济贸易大学出版社，2013：135-136.
② TOMAZINI C. Pioneering anti-poverty policies in Brazil and Mexico: ambiguities and disagreements on conditional cash transfer programs [J]. International Journal of Sociology and Social Policy, 2021, 42 (1/2): 7-22.
③ 徐世澄. 墨西哥政治经济改革及模式转换 [M]. 北京：世界知识出版社，2013：228.
④ 郑皓瑜. 拉美国家扶贫政策研究：有条件现金转移支付计划 [M]. 北京：对外经济贸易大学出版社，2013：141.

有成员的健康状况，向农村极端贫困家庭提供免费医疗，从预防疾病角度要求贫困家庭都定期进行身体检查。在食品方面，向贫困家庭提供营养补充剂或营养补品，为儿童和妇女提供其身体需要的基本营养元素，并通过现金补助方式帮助贫困家庭改善饮食结构和营养水平。[1] 此外，该计划针对营养的干预措施还包括给母亲的"有条件的现金援助"，旨在于通过有条件的现金转移来提高家庭购买营养食品的能力，从而提高儿童营养摄取量，确保贫困家庭中弱势群体的参与和赋权。[2]

与以往扶贫计划不同的是，"教育、卫生和食品计划"是以贫困家庭为单位，通过家庭社会经济状况调查，为符合条件的家庭提供补助金。在塞迪略任期内，该计划的受益贫困户不断增加。据统计，到2000年，该计划支出95.7亿比索，覆盖受助家庭约250万户，参加计划的贫困家庭消费水平得到提高，食物搭配更均衡、营养更丰富，贫困儿童的营养状况、生长发育情况、就诊情况、入学率和出勤率均得到明显改善，计划取得了较好的实施效果。[3] 可见，在适应国情和国际大环境的前提下，总结以往的经验教训，墨西哥加强了政府在社会领域的干预力度，这时的社会政策已不再仅仅关注短期效果，而是从长远角度出发，制定了综合的、长期的，能够真正改善贫

---

[1] 徐世澄. 墨西哥政治经济改革及模式转换 [M]. 北京：世界知识出版社，2013：228.
[2] 赵金璐，黄佳琦. 中国及发展中国家儿童营养现状、原因及政策比较研究[J]. 中国食物与营养，2021，27（3）：5-11.
[3] 徐世澄. 墨西哥政治经济改革及模式转换 [M]. 北京：世界知识出版社，2013：229.

困状况和增强居民发展能力的扶贫政策。①

三、福克斯政府时期的"机会计划"

2002年，福克斯总统上台后，决定在"教育、卫生和食品计划"基础上进一步扩大扶贫内容，覆盖更多的受益人群，由此，该计划正式升级并更名为"机会计划"（Oportinidades），它延续了"教育、卫生和食品计划"的基本框架，将计划受益范围扩大到城市边缘贫困人口，并将教育助学金补贴的受益人群扩展到中学、大学以及成人教育。② 通过投资贫困人口人力资本，以期提高贫困人口的可行性发展能力，进而减少未来贫困的可能性甚至是自助脱贫。

机会计划由一个联邦机构集中管理，在地域和家庭层面都进行了经济状况调查。③ 在农村和城市地区，目标的第一阶段是地理定位，使用地方综合指标选择贫穷的农村社区和城市地区。在农村地区目标定位的第二阶段，则是对选定社区的所有房屋进行社会经济条件调查。在这些数据中，利用家庭特征（包括居住条件、抚养比、耐用品所有权、动物和土地所有权以及残疾个人的存在）来区分合格家庭和非合格家庭，以预测家庭收入，向符合条件的家庭提供计划补贴。只要家庭符合

---

① 郑皓瑜. 拉美国家扶贫政策研究：有条件现金转移支付计划 [M]. 北京：对外经济贸易大学出版社，2013：138.
② 郑皓瑜. 拉美国家扶贫政策研究：有条件现金转移支付计划 [M]. 北京：对外经济贸易大学出版社，2013：155.
③ VILLA J M, NINO-ZARAZUA M. Poverty dynamics and graduation from conditional cash transfers: a transition model for Mexico's Progresa-Oportunidades-Prospera program [J]. The Journal of Economic Inequality, 2019, 17 (2): 219-251.

收益资格，就可以保留在机会计划内，三年后，需要对家庭的社会经济状况进行再一次评估，如果家庭的预测可支配收入超过退出资格线（最初进入项目时设定的收入门槛线再加上一个定额的食品消费量），①则收入支持将在随后的三年内减少，称为"差别化支持计划"（DSS），②该计划的补贴待遇额与之前相比有所降低，因为该计划仅包括中学和高中教育补助金，但不包括小学补助金和与健康营养成分相关的现金转移。③

机会计划是分阶段实施的，从偏远农村地区最先开始，后来扩展到墨西哥全国的农村和城市大部分地区。④从前文可知，机会计划是在1995年墨西哥发生重大宏观经济危机后开始的，当时实际GDP下降了6%，这导致政府官员开始寻求提高反贫困支出的效率。⑤作为实施更具有针对性的反贫困计划的一部分，机会计划的资金来源是取消一般食品补贴（主要是玉米饼和牛奶）。粮食补贴预算的大部分通常用于城市地区，因此取消粮食补贴和有效替代机会计划成为墨西哥反贫困

---

① 房连泉. 国际扶贫中的退出机制——有条件现金转移支付计划在发展中国家的实践[J]. 国际经济评论, 2016, (6): 86-104, 6.
② VILLA J M, NINO-ZARAZUA M. Poverty dynamics and graduation from conditional cash transfers: a transition model for Mexico's Progresa-Oportunidades-Prospera program [J]. The Journal of Economic Inequality, 2019, 17 (2): 219-251.
③ PARKER S W, TODD P E. Conditional cash transfers: The case of Progresa/Oportunidades [J]. Journal of Economic Literature, 2017, 55 (3): 866-915.
④ 房连泉. 国际扶贫中的退出机制——有条件现金转移支付计划在发展中国家的实践[J]. 国际经济评论, 2016, (6): 86-104, 6.
⑤ PARKER S W, TODD P E. Conditional cash transfers: The case of Progresa/Oportunidades [J]. Journal of Economic Literature, 2017, 55 (3): 866-915.

支出的一个重大转变,即从主要的城市转移到主要的农村。①1997年,机会计划开始在农村小社区实施,这一阶段是随机化的。1998—2000年是该计划在农村的全面推广阶段,这一阶段不是随机选取地区,而是基于边缘指数确定地区。② 1998年,从墨西哥7个州中确定了506个农村地区,其中320个地区开展机会计划项目,符合条件的家庭可以立即领取福利,其余186个地方于18个月后即加入该方案的试点,即1999年才能开始领取补助金。③ 机会计划在农村地区实施的头两年(1998—1999年),对提高入学率、减少童工、改善健康和营养状况以及减少贫困方面产生了显著的影响,基于这些积极影响,墨西哥政府于2002年将该项目扩大到城市地区。在城市地区,个人参加该计划的过程与农村地区不同。个人在全国各地设立的模块申请该项目,通常只开放几周。个人回答基本社会经济调查相关问题,并根据这些自我报告确定初始资格。对于那些最初宣布有资格获得机会计划福利的人,通过家访形式核实申请表上提供的社会经济信息,并确认其资格。④ 到2005

---

① PARKER S W, TODD P E. Conditional cash transfers: The case of Progresa/Oportunidades [J]. Journal of Economic Literature, 2017, 55 (3): 866-915.

② ALIX-GARCIA J, MCINTOSH C, SIMS K R E, et al. The ecological footprint of poverty alleviation: evidence from Mexico's Oportunidades program [J]. Review of Economics and Statistics, 2013, 95 (2): 417-435.

③ PFUTZE T. Should program graduation be better targeted? The other schooling outcomes of Mexico's Oportunidades [J]. World Development, 2019, 123: 1-13.

④ PARKER S W, TODD P E. Conditional cash transfers: The case of Progresa/Oportunidades [J]. Journal of Economic Literature, 2017, 55 (3): 866-915.

年，该项目覆盖了 500 万个家庭，年度预算为 21 亿美元。[1] 2006 年，卡尔德龙当选墨西哥总统后，继续执行"机会计划"，并进一步扩大了救助内容，2009 年实施"城市机会计划"，到 2010 年该计划已覆盖所有大中型城市。[2] 截至 2013 年，该计划覆盖了近 600 万个家庭，约占墨西哥所有家庭的 20%。[3] 2018 年，该项目惠及 650 万个家庭，约五分之一的墨西哥人是该项目的受益者。[4] 虽然该计划实现了从农村到城市地区的扩展，但该计划仍然主要是针对农村的有条件现金转移支付计划，因为在该计划中大多数受益者仍然是来自农村地区或城乡结合处。[5]

可以看出，从农村扩展到城市，对受益对象进行动态管理的机会计划具备覆盖面广、受益人群多的特点，是墨西哥重要的反贫困项目之一。一方面是救助计划的覆盖面不断扩大，另一方面是政府财政投入不断增加，2001 年该项目累计投入 128

---

[1] MCKEE D, TODD P E. The longer-term effects of human capital enrichment programs on poverty and inequality: oportunidades in Mexico [J]. Estudios de economia, 2011, 38 (1): 67.

[2] 郑皓瑜. 拉美国家扶贫政策研究：有条件现金转移支付计划 [M]. 北京：对外经济贸易大学出版社，2013：157.

[3] PARKER S W, TODD P E. Conditional cash transfers: The case of Progresa/Oportunidades [J]. Journal of Economic Literature, 2017, 55 (3): 866-915.

[4] RAMIREZ V. Relationships in the Implementation of Conditional Cash Transfers: The Provision of Health in the Oportunidades-Prospera Programme in Puebla, Mexico [J]. Social Policy and Society, 2021, 20 (3): 400-417.

[5] PARKER S W, TODD P E. Conditional cash transfers: The case of Progresa/Oportunidades [J]. Journal of Economic Literature, 2017, 55 (3): 866-915.

亿比索，到 2004 年便攀升至 250 亿比索，到了 2010 年该计划的投入更是高达 630 亿比索。同时，该计划受到世界各国的赞扬，并跨越国家、地区界限，引入印度尼西亚、摩洛哥、巴基斯坦、菲律宾、南非和土耳其等国以及纽约和华盛顿特区等城市开展试点，[1] 成为世界各地创建其他有条件现金援助项目的典范。[2]

第二节　主要内容

墨西哥的机会计划是有条件现金转移（CCT）项目的一种创新方式，通过对贫困家庭的现金转移提供对儿童和其他家庭成员的人力资本的投资，其主要目标是打破代际贫困循环。[3] 该计划主要包括食品、健康和教育三方面的内容，对贫困家庭发放食品补助，每个贫困妇女和儿童都能够到体检中心做健康检查，[4] 为各级学龄儿童提供助学金，提高入学率，[5] 以及对

---

[1] 郑皓瑜.墨西哥贫困人口人力资本投资的经验及对中国的启示——基于"机会计划"的分析[J].北京社会科学，2015（9）：123-128.

[2] RAMIREZ V. Relationships in the Implementation of Conditional Cash Transfers: The Provision of Health in the Oportunidades-Prospera Programme in Puebla, Mexico [J]. Social Policy and Society, 2021, 20 (3): 400-417.

[3] SAUCEDO DELGADO O A, KADELBACH V, MATA L. Effects of Conditional Cash Transfers (CCT) in Anti-Poverty Programs. An Empirical Approach with Panel Data for the Mexican Case of PROSPERA-Oportunidades (2002-2012) [J]. Economies, 2018, 6 (2): 29.

[4] 刘坚.考察墨西哥阿根廷的启示[N].市场报，2006-03-20（13）.

[5] 郑皓瑜.墨西哥贫困人口人力资本投资的经验及对中国的启示——基于"机会计划"的分析[J].北京社会科学，2015，(9)：123-128.

老年人的现金转移支付等。机会计划旨在利用这三个领域投资的协同效应，例如，营养不良的儿童可能更容易辍学，这意味着如果与健康或营养干预措施相结合，可以确保儿童上学更有效。① 可以说，机会计划是一个有利于个体人力资本投资和摆脱家庭代际贫困的方案，也是一个有助于实现社会福利的方案。② 以下将从教育、健康和营养三方面介绍墨西哥机会计划的主要内容。

一、教育领域

教育等人力资本发展领域的投入不足直接关系一个国家减贫和促进公平进程的发展，同时也会导致贫困问题代际传递恶性循环的形成。③ 教育变得至关重要，它为个人提供进入经济生活所需的知识，从而实现个人和集体福祉。④ 机会计划以提高和改善儿童的受教育水平为基本目的，旨在提高教育入学率和出勤率，主要面向低年级和中年级，通过现金转移的方式来为学习创造更多的机会。

---

① PARKER S W, TODD P E. Conditional cash transfers: The case of Progresa/Oportunidades [J]. Journal of Economic Literature, 2017, 55 (3): 866-915.
② OLIVEIRA B R, de LACERDA PEIXOTO M C. Educação, pobreza e programas de transferência de renda: A implementação do Programa Oportunidades no México [J]. Education Policy Analysis Archives, 2019, 27: 71.
③ 郑皓瑜. 论拉丁美洲国家教育扶贫政策在消除贫困代际传递中的作用[J]. 山东社会科学, 2016 (4): 171-175.
④ MARTINEZ O A. Efectos de las becas educativas del programa Oportunidades sobre la asistencia escolar. El caso de la zona urbana del noreste de México [J]. Revista Desarrollo y Sociedad, 2012 (69): 99-131.

最初，该计划只为小学三年级到中学三年级的儿童提供资助。然而，在2001年，这些助学金被扩展到了高中水平，并随着学生年级的提高而增加。① 以2003年第二学期小学三年级到高中三年级儿童的每月资助水平为例（见表2-1），2003年的具体赠款数额从小学三年级的9.50美元（105比索）到高中三年级的男孩约53美元（580比索）和女孩约60美元（660比索）。相比之下，2003年墨西哥的最低工资为每天44比索（各地区略有差异），相当于全日制工作（22天）每月收入约968比索。到高中三年级时，补助金额约为最低工资的三分之二。补助金通过电汇直接提供给女性受益人的银行账户或社区附近的办事处。② 小学补助金受益者获得现金支持，以便在学年开始时购买学习用品，然后在第二学期开始时获得额外的补充资金；中学和高中学生每年可以获得一次性现金支持，用于购买学习用品。这两种资源（现金支持和补充资金）都是向受益人提供的现金转移的重要组成部分。③

---

① BEHRMAN J R, PARKER S W, TODD P E. Long-term impacts of the Oportunidades conditional cash transfer program on rural youth in Mexico [R/OL]. IAI Discussion Papers, 2005.
② PARKER S W, TODD P E. Conditional cash transfers: The case of Progresa/Oportunidades [J]. Journal of Economic Literature, 2017, 55 (3): 866-915.
③ MARTINNEZ O A. Efectos de las becas educativas del programa Oportunidades sobre la asistencia escolar. El caso de la zona urbana del noreste de México [J]. Revista Desarrollo y Sociedad, 2012 (69): 99-131.

表 2-1　2003 年第二学期每月教育补助金额数（单位：比索）

阶段	年级	男孩	女孩
小学	三年级	105	105
	四年级	120	120
	五年级	155	155
	六年级	210	210
中学	一年级	305	320
	二年级	320	355
	三年级	335	390
高中	一年级	510	585
	二年级	545	625
	三年级	580	660

资料来源：BEHRMAN J R, PARKER S W, TODD P E. Long-term impacts of the Oportunidades conditional cash transfer program on rural youth in Mexico [R/OL]. IAI Discussion Papers, 2005.

可以看出，这种教育上的现金转移和补助是基于性别设定的，体现在与中学和高中的男孩相比，女孩往往或获得更高的补助金。这种性别差异旨在为送女孩上学提供额外的激励，因为传统上，女孩在中学和高中的入学率较低。[1] 当然，这种计划也是带有条件性的，接受每月的助学金需要定期出勤。补助金是针对儿童的，家长必须让孩子入学并确保他们的正常出勤

---

[1] PFUTZE T. Should program graduation be better targeted? The other schooling outcomes of Mexico's Oportunidades [J]. World Development, 2019, 123: 1-13.

率，即85%的出勤天数。① 同时，允许学生每门课程成绩不及格一次。但如果学生重复处于某一特定年级不止一次，那么教育福利就会永久停止。② 针对高中生，则要求从高中入学之日起4年内必须完成高中学业，并且年龄不得超过22岁。③ 在支付补助金之前，会对入学和出勤情况进行验证。如果家庭没有履行这些义务和责任，可能会被退出该计划一个月或被永久取消资格。④ 除高中奖学金外，所有的货币补助金都发给家庭的母亲，青年可在母亲的授权下获得高中奖学金。⑤ 关于退出机制，每三年家庭会进行一次项目再认证，符合条件的家庭继续享受教育补助，而那些不再具备福利领取资格的人将会被纳入全民教育计划中。与机会计划不同的是，全民教育计划只包括中学和高中的教育补助，而不包括小学奖学金和食品现金转移。⑥

---

① PARKER S W, TODD P E. Conditional cash transfers: The case of Progresa/Oportunidades [J]. Journal of Economic Literature, 2017, 55 (3): 866-915.
② BEHRMAN J R, PARKER S W, TODD P E. Long-term impacts of the Oportunidades conditional cash transfer program on rural youth in Mexico [R/OL].IAI Discussion Papers, 2005.
③ 郑皓瑜. 墨西哥贫困人口人力资本投资的经验及对中国的启示——基于"机会计划"的分析[J]. 北京社会科学, 2015, (9): 123-128.
④ MARTINEZ O A. Efectos de las becas educativas del programa Oportunidades sobre la asistencia escolar. El caso de la zona urbana del noreste de México [J]. Revista Desarrollo y Sociedad, 2012 (69): 99-131.
⑤ PARKER S W, TODD P E. Conditional cash transfers: The case of Progresa/Oportunidades [J]. Journal of Economic Literature, 2017, 55 (3): 866-915.
⑥ BEHRMAN J R, PARKER S W, TODD P E. Long-term impacts of the Oportunidades conditional cash transfer program on rural youth in Mexico [R/OL].IAI Discussion Papers, 2005.

传统的机会计划从2001年持续到2008年。2009年,在卡尔德龙总统倡导下,开始实施"城市机会计划",到2010年该计划已覆盖墨西哥的所有大中型城市。"城市机会计划"主要措施是:大幅增加城市贫困儿童的救助金额度,除学习成绩优良者可每月获得260比索的额外奖励外,初中、高中阶段的助学金金额都随着年级的增加而逐级上升,高中二年级女生的助学金突破1000比索。[1] 此外,根据"机会计划"的最新进展显示,计划对贫困女生的资助时限延长至21岁。[2] 可见,与传统机会相比,城市机会计划有着以下特点:一是从覆盖面扩大,将城市贫困儿童纳入补助范围;二是补助内容增多,对在校学习成绩优良者有额外的奖励,这可以提高学习热情和主动性,提高教育质量;三是补助金额增加,有利于更好地为贫困学生提供资金支持,更好地与经济发展相适应。这都有利于一定程度上提高学生在校学习效果,有助于培养学生自强脱贫的主观能动性。[3]

在导致贫困的多种原因中,教育程度低通常是主要原因之一,受教育水平不高进而会导致在日后的就业和发展中失去机会和发展能力,无法改变自己的前途,这也意味着可能会发生贫困的代际传递。这也是为什么各国的减贫实践强调教育重要性的缘由,因为教育是一种人力资本的投资,意味着从输血向造血的转变。即使没有奖学金,小学水平也很容易达到,但如

---

[1] 郑皓瑜.墨西哥贫困儿童教育问题及对策研究——基于联合国千年发展目标的视角[J].全球教育展望,2015,44(7):111-119.
[2] 郑皓瑜.墨西哥贫困人口人力资本投资的经验及对中国的启示——基于"机会计划"的分析[J].北京社会科学,2015,(9):123-128.
[3] 郑皓瑜.墨西哥贫困儿童教育问题及对策研究——基于联合国千年发展目标的视角[J].全球教育展望,2015,44(7):111-119.

果没有机会计划的支持，年轻人就很难达到更高的教育水平。该计划也表明，当家庭贫穷时，将足够多的福利补助金与对儿童人力资本进行某种最低投资的要求结合起来，可以有效地提高入学率。①

二、健康领域

虽然教育在阻断代际贫困方面发挥着重要作用，但它不能被视为摆脱贫困或获得人力资本的唯一途径。对人力资本的投资有必要包括对健康和营养两方面的投资，两者同样发挥着重要作用。通过改善一个人的健康或营养，相应地，在一般情况下预期寿命将会增加，这将对工作机会和工作年限产生影响。同时，均衡饮食可以改善个人的身体状况和能量，从而提高其收入能力。② 在健康领域，机会计划以接受定期健康检查为条件，向家庭提供大量现金补助款项，③ 在为受益人提供医疗保障资金支持的同时，也能增加他们对健康关注的主动性。在健康领域，机会计划主要包括两方面的内容。

一是机会计划为贫困家庭免费提供一揽子基本医疗服务，

---

① PFUTZE T. Should program graduation be better targeted? The other schooling outcomes of Mexico's Oportunidades [J]. World Development, 2019, 123: 104625.

② MARTINEZ O A M. Complementos nutricionales y capital humano. Un análisis desde los beneficiarios al Nutrisano y Nutrivida del programa Oportunidades de México [J]. Revista Gerencia y Políticas de Salud, 2009, 8 (17): 140-154.

③ ALIX-GARCIA J, MCINTOSH C, SIMS K R E, et al. The ecological footprint of poverty alleviation: evidence from Mexico's Oportunidades program [J]. Review of Economics and Statistics, 2013, 95 (2): 417-435.

并在一定程度上强调了预防性保健的重要性。这些基本保健服务包括计划生育、产前护理、分娩护理、产后护理、营养和儿童生长监督、接种疫苗、预防和治疗腹泻、抗寄生虫治疗、预防和治疗呼吸道感染、预防和控制结核病、预防和控制高血压和糖尿病、事故预防和伤害急救、社区保健自助培训等内容。① 这些基本医疗服务得到严格执行，并需要复杂的管理，2005年，该计划提供了4250万次咨询。② 为此，必须与墨西哥最大的卫生机构卫生部和社会保障研究所合作。参与机会计划中保健领域的人员主要有医生、护士、牙医和实习生，他们主要对相关机构的医疗工作负责。③

二是为了健康现金转移，受益家庭的所有成员必须参加健康讲习班和定期体检。④ 在参加健康讲习班方面，受益人（一般为母亲）还需要参加诊所每月举行的营养、卫生和免疫等

---

① PARKER S W, TODD P E. Conditional cash transfers: The case of Progresa/Oportunidades [J]. Journal of Economic Literature, 2017, 55 (3): 866-915.

② LEVY S. Progress against poverty: sustaining Mexico's Progresa-Oportunidades program [M]. Washington, D. C: Brookings Institution Press, 2007.

③ RAMIREZ V. Relationships in the Implementation of Conditional Cash Transfers: The Provision of Health in the Oportunidades-Prospera Programme in Puebla, Mexico [J]. Social Policy and Society, 2021, 20 (3): 400-417.

④ RAMIREZ V. CCTs through a wellbeing lens: The importance of the relationship between front-line officers and participants in the Oportunidades/Prospera programme in Mexico [J]. Social Policy and Society, 2016, 15 (3): 451-464.

主题的健康和营养讲座。① 特别是怀孕妇女需要参加产前护理咨询的预期会议，包括护理的临床内容，孕产妇营养和其他生殖健康信息。② 而关于定期体检，受益家庭的所有成员必须遵守定期就诊时间表（见表2-2），通常包括每年两次家庭预约预防性检查，但怀孕或患有高血压、糖尿病、肥胖或营养不良的人每两个月会见医务人员一次。③

表2-2 机会计划每年定期就诊时间表

类型	年龄段	检查频率
儿童	4个月内	检查3次：7天、28天、2个月
	4至24个月	检查8次：4、6、9、12、15、18、21、24个月，每月额外检查1次体重和身高
	2~4岁	检查3次：每4个月检查1次
	5~16岁	检查2次：每6个月检查1次
妇女	孕期	检查5次：产前期
	妊娠后	检查2次：1次在刚出生时，1次在哺乳期
成年人和年轻人	17~60岁	检查1次
	60岁以上	检查1次

---

① PARKER S W, TODD P E. Conditional cash transfers: The case of Progresa/Oportunidades [J]. Journal of Economic Literature, 2017, 55 (3): 866-915.
② BARBER S L, GERTLER P J. The impact of Mexico's conditional cash transfer programme, Oportunidades, on birthweight [J]. Tropical Medicine & International Health, 2008, 13 (11): 1405-1414.
③ RAMIREZ V. CCTs through a wellbeing lens: The importance of the relationship between front-line officers and participants in the Oportunidades/Prospera programme in Mexico [J]. Social Policy and Society, 2016, 15 (3): 451-464.

资料来源：PARKER S W, TODD P E. Conditional cash transfers: The case of Progresa/Oportunidades [J]. Journal of Economic Literature, 2017, 55 (3): 876.

在该方案中，严格遵守就诊时间是女性户主（通常是母亲）的责任，其中有些活动是针对所有家庭成员的。卫生工作人员通过考勤严格记录着受益者们每年的遵守情况，并以电子方式记录在系统中。不遵守一项规定会受到经济处罚，连续4个月或不连续6个月不遵守则会导致永久排除在受益范围之外。① 当然，工作人员也会不断提醒转移现金的领取者，如果不遵守这些活动，他们可能会失去其福利。② 同时，除上述提到的受助者需要参加健康讲座和定期体检这两个条件之外，该机会还包含第三个非正式和不成文的条件，例如，在诊所和公共场所的清洁和维护工作，以及参加促进社区保健治疗或卫生活动的运动。由于没有将这些活动正式化，该方案可能将其转化为不成文的条件，要求受助者在卫生官员的严格监督下从事无偿工作。③

机会计划使用现金转移作为父母投资于儿童的激励措施，

---

① RAMIREZ V. Relationships in the Implementation of Conditional Cash Transfers: The Provision of Health in the Oportunidades-Prospera Programme in Puebla, Mexico [J]. Social Policy and Society, 2021, 20 (3): 400-417.
② AGUDO SANCHIZ A. The social production of conditional cash transfers' impacts [J]. International Policy Centre for Inclusive Growth, 2012, (172).
③ RAMIREZ V. Relationships in the Implementation of Conditional Cash Transfers: The Provision of Health in the Oportunidades-Prospera Programme in Puebla, Mexico [J]. Social Policy and Society, 2021, 20 (3): 400-417.

以便他们在成年后获得摆脱贫困的能力。① 同时，机会计划对成年人来讲也具有多方面的积极影响：一方面，医疗机构针对不同年龄段、不同身体状况的特定人群的医疗服务，可以有效增强受助者的身体素质，有利于保持健康的体魄；另一方面，健康知识讲座和定期体检有助于改变贫困家庭长期以来养成的不良生活习惯和对身体保健的错误认识，从而形成良好的疾病预防观念。

三、营养领域

营养不良是引发全球疾病的最大风险因素之一。与许多拉丁美洲国家一样，墨西哥面临严重的营养不良情况，除了肥胖外，还包括微量营养素缺乏和发育迟缓等营养不良情况。尽管墨西哥政府在食品和营养项目上投入大量资金，但并没有达到预期效果，一是因为这些项目并没有针对有需要的群体，二是因为这些项目中分发给家庭的食品微量营养素含量较少，特别是锌微量营养素和铁微量营养素，儿童的生长和发育受到一定影响。② 在墨西哥，儿童发育不良和微量营养素缺乏发生的概率相当高。1998—1999 年，全国 5 岁以下儿童发育迟缓的患病率为 21.5%，并且在社会经济群体之间（最高的为 55.1%，

---

① BARBER S L, GERTLER P J. The impact of Mexico's conditional cash transfer programme, Oportunidades, on birthweight [J]. Tropical Medicine & International Health, 2008, 13 (11): 1405-1414.

② RIVERA DOMMARCO J A, GONZáLEZ DE COSíO T, GARCíA-CHáVEZ C G, ET AL. The role of public nutrition research organizations in the construction, implementation and evaluation of evidence-based nutrition policy: two national experiences in Mexico [J]. Nutrients, 2019, 11 (3): 594.

最低的为 5.2%）以及农村地区（37.1%）和城市地区（15.1%）之间存在很大的差异，这反映了墨西哥儿童成长健康状况较为严峻。同期，全国 4~24 月龄幼儿缺锌、缺铁和缺维生素 A 的患病率分别为 34%、67% 和 28%。[1] 面对儿童营养不良且群体和地区差异严重问题，墨西哥将食品和营养保障措施纳入机会计划的主要内容之一，针对营养不良风险高的人群，如儿童、孕妇以及哺乳期妇女等，向其分发含有多种微量营养素的食品和营养补充剂，[2] 以解决营养不良问题，同时控制与肥胖有关的慢性疾病的急剧增加。[3]

在营养领域，机会计划包括以下内容：一是现金转移，旨在改善家庭食物的数量和质量。无论家庭规模大小，平均每月每户家庭的发放数额为 150 比索。这笔补贴直接发放到母亲或者家中负责购买、制作食物、照料子女饮食起居以及教育的人手中。依据国家的基本食物价格的变化，计划每半年对补贴金额进行一次调整。获得此现金补贴的条件是救助金仅可用于购

---

[1] RAMIREZ-SILVA I, RIVERA J A, LEROY J L, ET AL. The Oportunidades program's fortified food supplement, but not improvements in the home diet, increased the intake of key micronutrients in rural Mexican children aged 12-59 months [J]. The Journal of nutrition, 2013, 143 (5): 656-663.

[2] DE LA CRUZ-GONGORA V, SHAMAH-LEVY T, VILLALPANDO S, ET AL. A decreasing trend in zinc deficiency in Mexican children aged 1-4: analysis of three national health and nutrition surveys in 1999, 2006 and 2018—20 [J]. salud pública de méxico, 2021, 63 (3): 371-381.

[3] KRONEBUSCH N, DAMON A. The impact of conditional cash transfers on nutrition outcomes: Experimental evidence from Mexico [J]. Economics & Human Biology, 2019, 33: 169-180.

买供全家食用的食品并按要求服用营养元素,① 也就是这笔现金转移收入具体用于"改善食品消费",但受益人的支出没有受到监测。② 二是向 4~24 月的幼儿以及孕妇和哺乳期妇女提供营养补充。③ 基于对妇女和儿童营养不足的现状的了解,并认识到产妇与幼儿 24 个月之前的营养补充的重要性,该计划还提供强化食品补充剂。④ 一种是专门用于预防或纠正所有 4~24 月龄幼儿和 2~4 岁儿童营养不足的强化食品补充剂(称为 Nutrisano),另一种是针对孕妇和哺乳期妇女的食品补充剂(Nutrivida),为其提供所需营养元素和微量元素。⑤ 这两种营养补充剂旨在涵盖以下方面:

(1) 为营养缺乏者提供帮助,一方面既有利于贫困人口获得所需营养来改善身体状况,另一方面也能使资源得到有效利用;

---

① 郑皓瑜. 墨西哥贫困人口人力资本投资的经验及对中国的启示——基于"机会计划"的分析[J]. 北京社会科学, 2015, (9): 123-128.
② PARKER S W, TODD P E. Conditional cash transfers: The case of Progresa/Oportunidades [J]. Journal of Economic Literature, 2017, 55 (3): 866-915.
③ VILLA J M, NINO-ZARAZUA M. Poverty dynamics and graduation from conditional cash transfers: a transition model for Mexico's Progresa-Oportunidades-Prospera program [J]. The Journal of Economic Inequality, 2019, 17 (2): 219-251.
④ NEUFELD L M, GRADOS R, VILLA DE LA VEGA A, ET AL. A brief history of evidence-informed decision making for nutrition in Mexico [J]. The Journal of Nutrition, 2019, 149 (Supplement_ 1): 2277S-2280S.
⑤ RAMIREZ-SILVA I, RIVERA J A, LEROY J L, ET AL. The Oportunidades program's fortified food supplement, but not improvements in the home diet, increased the intake of key micronutrients in rural Mexican children aged 12-59 months [J]. The Journal of nutrition, 2013, 143 (5): 656-663.

（2）注重成本问题，这可以使机会计划的推行在政府财政承担的能力范围之内，防止面临财政危机；

（3）产品开发应尽可能地简单，降低成本最低，避免因为开发复杂的产品投入大量的人力、物力和财力，这不利于反贫困效率的提高；

（4）注重产品口味，以刺激补充剂的消费，保证贫困人口愿意去服用营养补充剂或营养元素；

（5）产品的最终形式应便于分发和消费；

（6）产品的展示和包装应具有吸引力，并允许在合理的时间内妥善保存产品，这有利于增强营养补充剂对贫困人口的吸引能力，从而提高补充剂的使用率；

（7）临床耐受，防止摄入后引起不耐受或吸收不良的问题，这有利于保障营养补充剂的安全，也有利于使用人群的健康。

所有这些都可以改善贫困人口营养缺乏状况，因为为营养不足人员提供了各种微量营养素，特别是铁、锌、维生素 A 和维生素 C。[1]

对食物和营养的需求是人的基本需求，在人的多层次需求中是最基本也是最亟需满足的需求。只有获得充足的食物和营养，个人的健康状况才有可能改善，进而才能有良好的身体资本去学习，提高个人的创造和发展能力。相反，健康状况不足会影响个人的发展，降低他们摆脱贫困的机会；通过改善个人

---

[1] MARTINEZ O A M. Complementos nutricionales y capital humano. Un análisis desde los beneficiarios al Nutrisano y Nutrivida del programa Oportunidades de México [J]. Revista Gerencia y Políticas de Salud, 2009, 8 (17)：140-154.

的基本需求，增加了人力资本，从而增加了摆脱贫困的可能性。但同时也应该认识到，造成墨西哥人口营养不良问题较严重的原因是多方面的，一般营养素（如蛋白质、碳水化合物、脂肪和脂肪酸等）和微量营养素（如维生素）的获取都需要具有健康的饮食习惯，这是获得充分营养的关键因素，对儿童的身体和认知发展以及成人的整体健康状况都很重要，[①] 因此在为弱势群体提供营养用品的时候需要满足人体对这些营养素的需要。

墨西哥的机会计划看到了消除多维贫困的重要性，通过将贫困与个人基本能力联系起来，为贫困家庭提供良好的营养、卫生保健和教育补助，使其在日后的生存和发展中拥有更多机会和生活能力，从而更好地融入社会。因此，可以说，该机会计划通过在教育、健康和营养方面提供现金转移或实物补助，可提高贫困家庭成员的基本能力，[②] 有利于增强日后摆脱贫困创造新生活的权能，是一种通过投资人力资本进行减贫的创新性现金转移项目。

[①] KRONEBUSCH N, DAMON A. The impact of conditional cash transfers on nutrition outcomes: Experimental evidence from Mexico [J]. Economics & Human Biology, 2019, 33: 169-180.

[②] BRACAMONTES NEVáREZ J, CAMBEROS CASTRO M, HUESCA REYNOSO L. The impact in the early years of the Oportunidades program by type of poverty in Mexico and Baja California, 2002—2006 [J]. Estudios fronterizos, 2014, 15 (30): 127-154.

第三节 特点与效果

一、特点

发展中国家的政府越来越多地采用现金转移方案来消除极端贫困,这些项目的类型在设计特点、范围和目标方面复杂多样,[1]但共同特点是通过有条件的现金转移支付赋予社会救助促进人力资本发展的功能,使社会救助具备"发展"的理念。[2]就墨西哥的机会计划来说,从其主要内容可以看出该计划在目标人群定位机制、救助内容、退出机制等方面呈现出的特点,以下将围绕墨西哥机会计划的特点进行阐述。

(一)具有有效、准确的目标人群选择机制

墨西哥的机会计划目标定位上主要瞄准赤贫家庭和贫困家庭,具体采用地域定位和群体定位两种方式。地域定位主要是指设定特定的地理位置作为受益对象的选择依据,项目针对儿童人力资本投资不足的地区,凡是居住在入学率低、辍学率高、营养不良发生率高或预防保健服务使用率低的地区内,符合贫困标准且有适龄儿童的家庭都被锁定为目标家庭。这种方

---

[1] VILLA J M, NINO-ZARAZUA M. Poverty dynamics and graduation from conditional cash transfers: a transition model for Mexico's Progresa-Oportunidades-Prospera program [J]. The Journal of Economic Inequality, 2019, 17 (2): 219-251.

[2] 张浩淼. 拉美国家的社会救助改革及其启示[J]. 新视野, 2010, (4): 89-91.

法的操作成本较低，但有可能遗漏那些生活在条件较好的社区的贫困家庭。群体定位主要是指先确定受益对象的性别、年龄或者家庭收入水平，然后根据这些定量的标准来选择受益对象，一般是确定有适龄儿童的、年收入低于一定标准的家庭为受益对象。这种方式对于目标人群的甄别更加细致，但采用这种方式需要投入一定的人力、物力，往往由第三方机构或专门的社会工作者来承担家计调查的工作。① 具体来看，墨西哥的机会计划主要通过三个步骤来最终选定贫困家庭：首先，地域定位，即根据全国调查的情况选出贫困率最高的地区，尤其是落后的农村地区；其次，在选定的地区中根据相应的指标运用代理家计调查方法对家庭的贫困程度进行排序；最后，依据排序选出的贫困家庭要通过社区的认可。经过以上步骤最终选出的家庭每三年需重新评估一次，虽然这种目标定位程序复杂且严格，但是救助的覆盖范围并不窄，2006年机会计划覆盖了500万户家庭，约占墨西哥总人口的25%。② 从城乡区域参加情况来看，城市地区参加该项目的人数较少，部分原因是该项目的报名程序与农村地区不同。农村地区的个人被即刻告知他们的受助资格，而城市地区的个人则必须在一段时间内申请该计划。③

---

① 张浩淼. 拉美国家贫困儿童的救助经验及其启示[J]. 学术界, 2013, (6): 221-228, 288.
② 张浩淼. 拉美国家的社会救助改革及其启示[J]. 新视野, 2010, (4): 89-91.
③ PARKER S W, TODD P E. Conditional cash transfers: The case of Progresa/Oportunidades [J]. Journal of Economic Literature, 2017, 55 (3): 866-915.

(二) 具备发展性的社会救助理念

与传统的社会救助项目相比，机会计划为贫困家庭提供现金救助，但要求受助家庭进行人力资本投资，包括保证儿童的营养，送孩子上学，定期到医疗机构接受服务等，即通过有条件的现金转移支付赋予社会救助促进人力资本发展的功能，使社会救助具备"发展"的理念。①

一是救助方式的改变。传统的社会救助将贫困仅仅视为缺钱少物，在救助上主要是为贫困群体提供直接的现金和食品援助，这种救助方式带有一定的消极性，因为它仅能使救助对象满足最基本的生存从而保证社会的稳定，不能促使贫困对象进行人力资本积累彻底摆脱贫困。墨西哥的机会计划则打破了传统的救助方式，采取有条件的现金转移支付的方式，救助金的发放带有一定的条件，而这些条件的设定有利于家庭在人力资本方面进行投资，以实现长期内消除贫困的目标。比如，家庭主妇领取救助金必须以保证其子女接受教育为条件，此外，还必须参加各类健康教育的学习班并保证其子女能定期接受体检。②

二是救助对象的改变。拉美传统的社会救助制度关注的是由弱势个体组成的特定弱势群体，如老年人、儿童、单身母亲等，社会救助的受助单位是弱势个体，其实这种选择方式忽视了这些弱者其实是生活在各自的家庭中并受家庭状况影响的这一事实。墨西哥的机会计划不再针对个体而是针对家庭发放救

---

① 张浩淼. 拉美国家的社会救助改革及其启示[J]. 新视野, 2010, (4): 89-91.
② 张浩淼. 拉美国家的社会救助改革及其启示[J]. 新视野, 2010, (4): 89-91.

助金，制度关注的是家庭，并在注重家庭的同时也注意家庭内部的资源与收入分配问题。① 比如，机会计划非常重视性别问题，强调女性的作用，所有金钱福利都给予妇女，保健部分侧重于孕妇的产前和产后护理，与教育程度相关的补助金对中学和高中女生的数额大于男生等，② 女性在有条件现金转移计划中也通常扮演着直接受益人或家庭监督者的角色，不仅要完成自己的义务，而且要监督、督促孩子完成相对应的义务，女性在机会计划中的作用得到了强调。③

（三）具有动态管理、严格合理的退出机制

机会计划的受助对象的救助资格是由代理经济状况的调查决定的，如果估计收入低于预先确定的最低福利线，这个家庭就具有救助资格。同样，该调查结果也被用来确定目前参与该计划的家庭是否会因其社会经济地位的改善而失去福利。为了重新认证家庭受助的资格，家庭的资格每三年重新评估一次。如果家庭继续低于最低福利线，则可以继续享受该福利。如果它高于最低福利线，但仍然低于第二条更高的福利线，家庭的福利就会相应地减少。如果家庭移至第二福利线以上，则终止福利。④

---

① 张浩淼. 拉美国家的社会救助改革及其启示[J]. 新视野，2010，(4)：89-91.
② PARKER S W, TODD P E. Conditional cash transfers: The case of Progresa/Oportunidades [J]. Journal of Economic Literature, 2017, 55 (3): 866-915.
③ 吴孙沛璟，赵雪梅. 多维视角下的拉美贫困及扶贫政策[J]. 拉丁美洲研究，2016，38 (3)：15-30，153-154.
④ PFUTZE T. Should program graduation be better targeted? The other schooling outcomes of Mexico's Oportunidades [J]. World Development, 2019, 123: 1-13.

但由于贫困的缓慢性和贫困家庭的高度脆弱性特点，在 2006—2008 年期间，墨西哥政府对机会方案的退出规则进行了调整，主要包括以下五个方面的内容：一是将机会方案第一次评估的时间从第三年延长到第六年。如果家庭超过重估的收入线，他们将被转移到另一个为期六年的计划中去，总计 12 年后才退出扶贫计划。二是对农村和城市家庭实施同样的退出时间限制。三是老年家庭免于退出规则。四是当退出计划的成员收入条件恶化时，他们可重新申请回归计划。五是对于那些在第一次评估时未达到退出条件的家庭，在第八年和第九年时要进行再次评估，如达到评估标准，就要转到一个为期三年的补贴计划中去，之后再退出计划。到 2008 年时，机会计划中约有 20 万个家庭（占受益家庭总量的 4%）转到削减计划中去，完全实现脱贫退出的家庭比例则更低一些。[1]

与此同时，参与家庭的经济轨迹可能表现出贫困和非贫困期，影响其获得计划福利的资格。由于机会计划旨在关注贫困线以下的家庭，计划管理者可能会因为在时间 t-1 越过贫困线后变成非贫困，但在时间 t 再次陷入贫困的受益人而导致预期排除错误。随着时间的推移，穷人可以大致分为两大类：长期穷人和暂时穷人。[2] 暂时贫困者是那些摆脱贫困但可能陷入贫困门槛的人，他们可以分为流动的穷人和偶尔的穷人。流动的穷人在贫困线以下和之上以季节性模式波动，特别是在农村地

---

[1] 房连泉. 国际扶贫中的退出机制——有条件现金转移支付计划在发展中国家的实践[J]. 国际经济评论, 2016, (6): 86-104, 6.

[2] VILLA J M, NINO-ZARAZUA M. Poverty dynamics and graduation from conditional cash transfers: a transition model for Mexico's Progresa-Oportunidades-Prospera program [J]. The Journal of Economic Inequality, 2019, 17 (2): 219-251.

区，那里的家庭依赖季节性粮食生产。① 偶尔的穷人在大多数情况下往往处于贫困线以上，但在一生中至少会经历一次贫困期。② 也就是说，由于贫困的发生存在动态性，因此针对贫困家庭的现金转移不仅应该做到在穷人家庭条件变好进而不满足福利领取资格时让其及时退出，同时还应该在家庭因为某些因素再次陷入贫困时，然后及时地再次纳入救助范围。

（四）具有规范管理福利领取的惩罚机制

与传统的救助扶贫项目不同，机会计划对受益人领取救济金和福利进行了相关的惩罚机制规定，受益人必须履行与有关机构签署的家庭协议，承担"对应义务"，如有违背则必须执行严格的惩罚措施。③ 下面将从受益人必须履行的义务和对应的惩罚措施进行介绍。

一是受益人在领取福利时必须承担相应的义务，也就是条件性。条件性的产生基于新自由主义的贫困观。在拉丁美洲，新自由主义方法导致政府在扶贫工作中形成固有的家长式关注，贫困被视为一种边缘现象，其根源在于家庭不投资于人力资本的文化习惯。条件标准是机会计划概念设计的一部分，因此，它们被视为促进墨西哥贫困家庭使用公共教育和卫生服务

---

① DERCON S, KRISHNAN P. In sickness and in health: Risk sharing within households in rural Ethiopia [J]. Journal of political Economy, 2000, 108 (4): 688-727.
② HULME D, SHEPHERD A. Conceptualizing chronic poverty [J]. World development, 2003, 31 (3): 403-423.
③ 郑皓瑜. 墨西哥贫困人口人力资本投资的经验及对中国的启示——基于"机会计划"的分析[J]. 北京社会科学, 2015, (9): 123-128.

的积极因素,长期影响现有的文化习惯。[1] 对受益人的要求条件包括参加健康和教育讲座、接受体检和上学考勤等,以增加对他们健康的关注,注重健康饮食,提高入学质量,而不是通过简单的收入增加。[2] 这种条件性有利于增加贫困家庭脱贫的主观能动性,但是也因其对家庭如何克服贫困的狭隘和短期愿景而受到批评。[3] 在一定程度上,机会计划强化了福利依赖计划的家长式观念,而不是可持续的经济权利,即家庭必须承诺参加医疗服务,并送孩子上学,以获得该计划的现金转移补助。因此,家庭非但没有做出自己的选择,反而被迫采取政府决定的方式,从而有利于他们摆脱贫困。[4]

二是对受益人未履行相应义务规定了对应的惩罚措施,即停发救助金。具体包括以下五种情况:[5] 第一种是单月停发,

---

[1] SAUCEDO DELGADO O A, KADELBACH V, MATA MATA L. Effects of Conditional Cash Transfers (CCT) in Anti-Poverty Programs. An Empirical Approach with Panel Data for the Mexican Case of PROSPERA-Oportunidades (2002—2012) [J]. Economies, 2018, 6 (2): 29.

[2] ALIX-GARCIA J, MCINTOSH C, SIMS K R E, ET AL. The ecological footprint of poverty alleviation: evidence from Mexico's Oportunidades program [J]. Review of Economics and Statistics, 2013, 95 (2): 417-435.

[3] SAUCEDO DELGADO O A, KADELBACH V, MATA MATA L. Effects of Conditional Cash Transfers (CCT) in Anti-Poverty Programs. An Empirical Approach with Panel Data for the Mexican Case of PROSPERA-Oportunidades (2002—2012) [J]. Economies, 2018, 6 (2): 29.

[4] SAUCEDO DELGADO O A, KADELBACH V, MATA MATA L. Effects of Conditional Cash Transfers (CCT) in Anti-Poverty Programs. An Empirical Approach with Panel Data for the Mexican Case of PROSPERA-Oportunidades (2002—2012) [J]. Economies, 2018, 6 (2): 29.

[5] 郑皓瑜. 墨西哥贫困人口人力资本投资的经验及对中国的启示——基于"机会计划"的分析[J]. 北京社会科学, 2015, (9): 123-128.

对应的情况是一个月内学生有4次以上无故缺勤或者饮食、能源及营养方面的违规；第二种是双月停发，对应的情况是学生无法出示由学校开具的出勤率证明；第三种是学期停发，对应的情况是学生在一个学期内3次被处罚，或者12次以上无故缺勤；第四种是无限期停发，对应的情况是学生在同一年级留级，直至顺利升级后再次恢复发放，或在最近的12个月内连续4个月或非连续6个月内不履行义务，或无法出示履行健康体检相关证明等；第五种是终止发放，对应的情况是成年人连续一年或一年以上不履行卫生保健方面的义务。

可见，机会计划更多的是一种带有激励和惩罚双重色彩的项目，而不是一种自主选择机制，但通过该项计划，可在一定程度上增加家庭在教育、健康和营养方面的投入,① 实现从货币转移向人力资本投资的创新。②

二、效果

机会计划从教育、健康和营养三方面入手，重视提高贫困人口自我发展的能力，是墨西哥历届政府实施的针对贫困人口人力资本覆盖范围最广、投资金额最大的项目,③ 在减少贫困、为贫困家庭提供保护方面发挥了一定的作用，同时也为贫困人口的成长提供了一个较为良好的基础，有利于人力资本的

---

① 郑皓瑜. 墨西哥贫困人口人力资本投资的经验及对中国的启示——基于"机会计划"的分析[J]. 北京社会科学, 2015, (9): 123-128.
② PARKER S W, TODD P E. Conditional cash transfers: The case of Progresa/Oportunidades [J]. Journal of Economic Literature, 2017, 55 (3): 866-915.
③ 郑皓瑜. 墨西哥贫困人口人力资本投资的经验及对中国的启示——基于"机会计划"的分析[J]. 北京社会科学, 2015, (9): 123-128.

形成和积累。具体来看，可以从以下几个方面分析机会计划的实施效果。

（一）教育领域

从教育方面来看，墨西哥机会计划通过向贫困家庭进行现金转移，条件是保证出勤率，这一做法在增加入学率、消除教育两性歧视等方面都取得了较为明显的效果。

1. 入学率大幅增加

在1997年实施机会项目之前，9~15岁的儿童在入学率上没有显著差异。① 在机会计划实施后，墨西哥贫困家庭的入学率显著增加。到2013年，墨西哥贫困家庭实现小学全面入学，净入学率达到100%。其中，女童入学率上升幅度较大（与1991年相比），为0.96~1.45个百分点，男童入学率上升幅度为0.74~1.07个百分点。在小学升入初中方面，2012—2013学年度，小升初入学率高达96.9%，占12~14岁儿童总数的82.4%。其中女生入学率增长幅度明显高于男生，两者分别为28.7%和15.7%。② 在出勤率方面，该计划能够较为有效地提升该国农村地区在校儿童出勤率，并持续较长一段时间。③ 如此一来，墨西哥儿童尤其是农村地区儿童的受教育年限得到改善，农村地区平均提高0.7~1.1年，城市地区平均提高0.12

---

① BEHRMAN J R, PARKER S W, TODD P E. Long-term impacts of the Oportunidades conditional cash transfer program on rural youth in Mexico [R/OL]. IAI Discussion Papers, 2005.
② 郑皓瑜. 墨西哥贫困人口人力资本投资的经验及对中国的启示——基于"机会计划"的分析[J]. 北京社会科学, 2015, (9): 123-128.
③ 吴孙沛璟, 赵雪梅. 多维视角下的拉美贫困及扶贫政策[J]. 拉丁美洲研究, 2016, 38 (3): 15-30, 153-154.

~0.2年。① 可见,教育领域的支持使儿童入学率增加,受教育年限增长,越来越多的儿童能够完成为期9年的基本教育。在学习效果方面,机会计划对学习成绩优异的贫困学生会给予一定的奖励,这在一定程度上有利于提升学生的学习效果。但同时,学习效果也会受儿童所在学校的教育质量的影响,② 如果学校教育质量较低,那么可能不会对学生的成绩产生正向影响。③

2. 消除教育两性歧视

从初中开始,女生的助学金金额普遍高于男生,这种差别化的补贴方式,有利于鼓励女生完成学业,同时也有助于消除传统观念上对女性参与社会生活的性别歧视,从而有利于消除教育领域的性别差异。到2013年,在小学在校生中,女生与男生的比例为0.958∶1,与联合国千年发展目标规定的0.96∶1的比例差距甚小,仅为0.002。而从高中教育水平的角度来看,早在1998—1999学年度,墨西哥高中阶段在校女生与男生的比例就已首次超过1∶1。④ 这说明,当家庭贫困时,将足额福利金的发放与对儿童人力资本进行某种最低投资的要求

---

① 吴孙沛璟,赵雪梅. 多维视角下的拉美贫困及扶贫政策[J]. 拉丁美洲研究,2016,38(3):15-30,153-154.

② BEHRMAN J R, PARKER S W, TODD P E. Long-term impacts of the Oportunidades conditional cash transfer program on rural youth in Mexico [R/OL]. IAI Discussion Papers, 2005.

③ SAUCEDO DELGADO O A, KADELBACH V, MATA MATA L. Effects of Conditional Cash Transfers (CCT) in Anti-Poverty Programs. An Empirical Approach with Panel Data for the Mexican Case of PROSPERA-Oportunidades (2002—2012) [J]. Economies, 2018, 6 (2): 29.

④ 郑皓瑜. 墨西哥贫困儿童教育问题及对策研究——基于联合国千年发展目标的视角[J]. 全球教育展望,2015,44(7):111-119.

结合起来,可以有效地提高入学率,① 而在补贴金额方面对女性的倾斜,则更有利于改变传统观念,从而提高女生在初中和高中的入学率,进而逐渐消除在教育领域的两性不平等现象。

(二) 工作方面

一方面,通过补贴学校教育,机会计划可能会增加孩子在学校的时间,减少孩子在家务劳动中的时间。尤其是,女孩在家务劳动方面的时间的减少,这与她们在参加计划之前参与家务活动的比例要高得多有关。另一方面,年轻女性工作的可能性也会随之增加,并且从参与农业就业转向非农业就业,这与传统上她们的劳动力参与率很低不同,可能与女性获得了更多的教育机会有关。② 而从通过劳动参与获得的月平均收入来看,由于机会计划通过让更多人接受更多的教育从而提高了生产力,这可能会在一定程度上增加完成学业的个人的工资和劳动收入。③

(三) 健康和营养

1. 健康方面

在健康领域,机会计划的影响包括从儿童死亡率、认知发展和行为问题到成人肥胖、高血压、抑郁症和避孕药具使用等

---

① SAUCEDO DELGADO O A, KADELBACH V, MATA L. Effects of Conditional Cash Transfers (CCT) in Anti-Poverty Programs. An Empirical Approach with Panel Data for the Mexican Case of PROSPERA - Oportunidades (2002—2012) [J]. Economies, 2018, 6 (2): 29.

② PARKER S W, TODD P E. Conditional cash transfers: The case of Progresa/Oportunidades [J]. Journal of Economic Literature, 2017, 55 (3): 866-915.

③ BEHRMAN J R, PARKER S W, TODD P E. Long-term impacts of the Oportunidades conditional cash transfer program on rural youth in Mexico [R/OL]. IAI Discussion Papers, 2005.

方面。

在儿童健康方面，机会计划存在着较为显著的影响。在该机会实施的第一年，受益的新生儿和零至三岁的儿童在前一个月患病的可能性分别为25.3%和22.3%，同时贫血幼儿的比例显著降低，约为10个百分点。2001年，即该计划开始四年后，五岁以下婴儿死亡率大幅下降至17%，这主要是由于肠道和呼吸系统疾病的减少以及营养缺乏的缓解。① 另外，有条件的现金转移机会计划还改善了儿童的出生体重，受益人所生婴儿的出生体重显著高于非受益人，平均比非受益人多125克，② 可见，该计划通过提供高质量的医疗保障对儿童的出生体重产生了一定的影响。③

在成人健康方面，机会计划产生的影响主要针对女性。一是机会计划增加了避孕药具的使用。墨西哥于1992年、2006年和2009年的三次全国代表性人口调查数据显示，曾怀孕的青少年（15~19岁）和年轻成年女性（20~24岁）的比例保持不变（33%~36%），但避孕药具的使用率从1992年的13%稳步增加到2009年的19%。其中，享受机会计划的女性户主使用避孕药具的比例高于未享受该项目的女性户主，而贫穷女

---

① PARKER S W, TODD P E. Conditional cash transfers: The case of Progresa/Oportunidades [J]. Journal of Economic Literature, 2017, 55 (3): 866-915.

② PARKER S W, TODD P E. Conditional cash transfers: The case of Progresa/Oportunidades [J]. Journal of Economic Literature, 2017, 55 (3): 866-915.

③ BARBER S L, GERTLER P J. The impact of Mexico's conditional cash transfer programme, Oportunidades, on birthweight [J]. Tropical Medicine & International Health, 2008, 13 (11): 1405-1414.

性使用避孕药具的比例比较富裕的女性变化更大。① 但是，机会计划对青少年怀孕和年轻妇女使用避孕药具的影响并不是直接的，而是通过对教育的影响，然后间接影响青少年的生育行为。可以说，教育程度与青少年使用避孕药具呈正相关，与青少年怀孕呈负相关。当然，仅靠学校教育可能不足以对青少年生育产生影响，仍需要关注机会计划的其他组成部分，如提供卫生服务，以改善青少年和年轻女性的生殖健康。② 二是机会计划对成年人肥胖、血压等方面的影响。通过对健康的关注，成年人肥胖的概率降低了4%，收缩压和舒张压都显示有轻微的降低，同时，女性患者抑郁症状的发生率显著降低。③

2. 营养方面

除了在健康方面的积极影响，机会计划使营养状况也得到了明显改善。例如，通过机会计划，贫困家庭的儿童和妇女饮食结构得到调整，有更多的机会摄入高蛋白和高热量。④ 农村2岁以下受助幼儿与非受助幼儿相比身高增加了1.42厘米，城乡2岁以下受助幼儿的严重贫血病例下降了12.8%；城市中

---

① DARNEY B G, WEAVER M R, SOSA-RUBI S G, ET AL. The Oportunidades conditional cash transfer program: effects on pregnancy and contraceptive use among young rural women in Mexico [J]. International perspectives on sexual and reproductive health, 2013, 39 (4): 205.

② DARNEY B G, WEAVER M R, SOSA-RUBI S G, ET AL. The Oportunidades conditional cash transfer program: effects on pregnancy and contraceptive use among young rural women in Mexico [J]. International perspectives on sexual and reproductive health, 2013, 39 (4): 205.

③ PARKER S W, TODD P E. Conditional cash transfers: The case of Progresa/Oportunidades [J]. Journal of Economic Literature, 2017, 55 (3): 866-915.

④ 吴孙沛璟, 赵雪梅. 多维视角下的拉美贫困及扶贫政策[J]. 拉丁美洲研究, 2016, 38 (3): 15-30, 153-154.

90%以上的幼儿可以保证摄取足够的铁、锌、维生素 A 和维生素 C，同时受助家庭的蛋白质、水果和蔬菜的摄入量明显增加。① 而铁、锌、维生素 A 和维生素 C 这 4 种关键微量元素的摄入是提升膳食质量的良好标志。② 总之，通过食物的补充和分发的强化食品补充剂，机会计划对儿童的饮食和营养状况产生了积极的影响。③

（四）贫困和不平等

根据贫困程度的不同，可划分为粮食贫困、能力贫困和财产贫困三种贫困类型。以 2002 年为例，每个城市家庭的人均月净收入等于或低于 672.27 比索，被认为是粮食贫困，在农村地区，这一界限则为等于或低于 494.78 比索。能力贫困是指城市家庭人均月收入净额等于或低于 824.54 比索，农村家庭人均月净收入等于或低于 584.98 比索。根据这一推理，人均月净收入为 1348.84 比索或更低的城市家庭处于财产贫困状

---

① 郭存海. 巴西和墨西哥的"有条件现金转移"计划评析[J]. 拉丁美洲研究，2010，32（4）：37-42，80.
② RAMIREZ-SILVA I, RIVERA J A, LEROY J L, ET AL. The Oportunidades program's fortified food supplement, but not improvements in the home diet, increased the intake of key micronutrients in rural Mexican children aged 12-59 months [J]. The Journal of nutrition, 2013, 143 (5): 656-663.
③ RAMIREZ-SILVA I, RIVERA J A, LEROY J L, ET AL. The Oportunidades program's fortified food supplement, but not improvements in the home diet, increased the intake of key micronutrients in rural Mexican children aged 12-59 months [J]. The Journal of nutrition, 2013, 143 (5): 656-663.

态,在农村地区,这一指标则为等于或低于897.83比索。①按照这一划分,到2006年,粮食贫困家庭减少了2.09%,能力贫困家庭减少了1.27%,财产贫困家庭减少了0.46%。这表明机会计划对墨西哥的减贫工作产生了一定的影响,但是与未实施该项目之前,效果不是很明显。②且在墨西哥有的地区,财产贫困率反倒增加了。③另外,有研究表明,尽管机会计划大大增加了贫困家庭儿童的人力资本,并大幅提高了平均收入,但它对收入不平等的影响微乎其微。一是因为该项目针对的是来自贫困家庭的孩子,而家庭背景并不能很好地预测他们未来的收入。二是因为在没有该项目的情况下获得更高教育水平的人往往会从干预中受益更多,这有助于扩大而不是减少不平等。④可见,墨西哥的机会计划在减少贫困和不平等方面的作用有限。

---

① BRACAMONTES-NEVAREZ J, CAMBEROS-CASTRO M. Poverty in Mexico and its regions: an analysis of impact of Oportunidades Program in the 2002—2006 period [J]. Papeles de población, 2011, 17 (67): 135-175.
② BRACAMONTES-NEVAREZ J, CAMBEROS-CASTRO M. Poverty in Mexico and its regions: an analysis of impact of Oportunidades Program in the 2002—2006 period [J]. Papeles de población, 2011, 17 (67): 135-175.
③ BRACAMONTES NEVáREZ J, CAMBEROS CASTRO M, HUESCA REYNOSO L. The impact in the early years of the Oportunidades program by type of poverty in Mexico and Baja California, 2002—2006 [J]. Estudios fronterizos, 2014, 15 (30): 127-154.
④ MCKEE D, TODD P E. The longer-term effects of human capital enrichment programs on poverty and inequality: Oportunidades in Mexico [J]. Estudios de economia, 2011, 38 (1): 67.

（五）其他影响

1. 性别与人口方面

机会计划非常注重性别问题，这对妇女地位产生了一定影响。在计划实施之前，妇女需要丈夫的许可才能探望亲戚或邻居，且丈夫通常更有可能决定儿童的服装和住房等支出。伴随着机会计划的实施，只有丈夫决定孩子是否可以出门的概率降低，只有丈夫决定某些类别支出的概率也在降低，女性的决策能力有所提高。另外，在针对妇女遭受暴力侵害方面，有研究认为尽管丈夫对妇女的口头威胁并没有显著变化，但身体虐待行为却显著地得到了减少。① 这可能和妇女拥有了金钱福利，从而使妇女在家庭的地位有所提高有关。

在人口方面的影响主要体现在婚姻和迁移两方面。一个人的婚姻，可能会通过教育和工作等原因而受到机会计划的影响。研究表明，教育程度的增加可能会导致年轻人结婚率降低。② 由于在校时间增加，年轻少女可能推迟结婚和生育。③ 同时，机会计划对迁移也有比较大的影响。以2003年为例，年龄为15~21岁的男性青年与1997年相比，离开家庭的可能性要高于6%，相比于男性，女性迁移的比例变化不大，这种性别差异可能反映了女孩为了结婚而迁移和男孩为了工作而迁

---

① PARKER S W, TODD P E. Conditional cash transfers: The case of Progresa/Oportunidades [J]. Journal of Economic Literature, 2017, 55 (3): 866-915.

② BEHRMAN J R, PARKER S W, TODD P E. Long-term impacts of the Oportunidades conditional cash transfer program on rural youth in Mexico [R/OL]. IAI Discussion Papers, 2005.

③ PARKER S W, TODD P E. Conditional cash transfers: The case of Progresa/Oportunidades [J]. Journal of Economic Literature, 2017, 55 (3): 866-915.

移的倾向更大。①

2. 收入与消费方面

在收入方面，受益于机会计划，完成小学和初中学业的青年人的收入分别增加了12%和14%。在消费方面，机会计划的实施在很大程度上提高了墨西哥贫困人口的消费水平，贫困家庭的平均消费水平提高了15%。在计划实施一年后，参与计划的贫困家庭在食品方面的支出增长了11%，与未参与计划的贫困家庭相比，提高了2%。② 在消费产品方面，消费增长的大部分是食品，且食品支出的份额不会随着总支出的减少而减少，食品消费的规模约为2003年和2004年转移支付规模的一半到三分之二。这可能反映了家庭内部偏好的变化，因为女性接受了现金转移，该计划的支出更加符合女性的偏好。③此外，机会计划中现金转移的补贴方式，增加了家庭获得其他正规金融服务的机会，有助于改善穷人的金融包容性，优化穷人的风险管理和投资组合，也降低了相关的交易成本和服务费用。④

---

① BEHRMAN J R, PARKER S W, TODD P E. Long-term impacts of the Oportunidades conditional cash transfer program on rural youth in Mexico [R/OL]. IAI Discussion Papers, 2005.
② 郑皓瑜. 墨西哥贫困人口人力资本投资的经验及对中国的启示——基于"机会计划"的分析[J]. 北京社会科学, 2015, (9): 123-128.
③ PARKER S W, TODD P E. Conditional cash transfers: The case of Progresa/Oportunidades [J]. Journal of Economic Literature, 2017, 55 (3): 866-915.
④ MASINO S, NIñO-ZARAZúA M. Improving financial inclusion through the delivery of cash transfer programmes: The case of Mexico's Progresa-Oportunidades-Prospera programme [J]. The Journal of Development Studies, 2020, 56 (1): 151-168.

3. 主观幸福感方面

机会计划对受益人群的主观幸福感也有影响。依赖于积极的自我概念、父母的尊重理解、与朋友的积极互动等因素，青少年的主观幸福感得到了增强，情绪不安、抑郁等情况减少。[1] 但主观幸福感的提升与工作人员和受助者之间的关系是密切相关的。在农村，受助者倾向于用更积极的词汇描述与工作人员的互动，强调沟通、信任、善良、奉献和同理心等，这种横向互动关系有利于受助人积极参与计划。[2] 相比之下，在城乡结合部，受助者倾向于用更强的等级术语来描述关系，负面体验是常态。以健康领域为例，积极的关系可以提高他们对诊所的信任，增加他们参加相关活动的意愿和提高所获得的医疗质量，而消极的关系却会迫使受助者避免与某些工作人员接触，或完全避免去诊所，这就可能对他们的健康有害，同时也会降低受助者的自我价值感、能力感和社会支持意愿。[3]

4. 环境与生态方面

机会计划通过提高人们的收入进而对生态环境产生间接影响。有研究表明，额外的家庭收入显著增加了消费，受助者家

---

[1] PALOMAR-LEVER J, VICTORIO-ESTRADA A. Determinants of subjective well-being in adolescent children of recipients of the oportunidades human development program in Mexico [J]. Social Indicators Research, 2014, 118 (1): 103-124.

[2] RAMIREZ V. Relationships in the Implementation of Conditional Cash Transfers: The Provision of Health in the Oportunidades-Prospera Programme in Puebla, Mexico [J]. Social Policy and Society, 2021, 20 (3): 400-417.

[3] RAMIREZ V. CCTs through a wellbeing lens: The importance of the relationship between front-line officers and participants in the Oportunidades/Prospera programme in Mexico [J]. Social Policy and Society, 2016, 15 (3): 451-464.

庭强烈地转向牛肉和牛奶等资源密集型项目。① 这表明，森林砍伐的影响可能是间接造成的，通过改变对土地密集型商品的消费分配，从而增加了森林砍伐行为。② 更高的家庭收入是否增加或减少森林资源的压力取决于多种因素，包括农产品价格、森林产品需求、信贷约束、农业强化和扩展以及对环境设施的需求等。③ 但不管怎样，鉴于该计划对环境可能存在的负面影响，在设计相关项目的时候，应考虑制订相应计划以防止环境危害的后果。④

总的来说，机会计划通过在教育、健康和营养方面的有条件现金转移，较大程度地改善了贫困家庭的入学率、健康和营养状况，这为他们提供了一个相对公平的起点，有助于其潜力的开发和人力资本的积累，最终成为能够自我满足需求的社会成员。⑤ 但是，该计划在减少贫困和不平等方面的作用相对有限，由于救助水平的不足、稀缺资源分配的不充分等原因，使

---

① ALIX-GARCIA J, MCINTOSH C, SIMS K R E, ET AL. The ecological footprint of poverty alleviation: evidence from Mexico's Oportunidades program [J]. Review of Economics and Statistics, 2013, 95 (2): 417-435.

② PARKER S W, TODD P E. Conditional cash transfers: The case of Progresa/Oportunidades [J]. Journal of Economic Literature, 2017, 55 (3): 866-915.

③ ALIX-GARCIA J, MCINTOSH C, SIMS K R E, ET AL. The ecological footprint of poverty alleviation: evidence from Mexico's Oportunidades program [J]. Review of Economics and Statistics, 2013, 95 (2): 417-435.

④ PARKER S W, TODD P E. Conditional cash transfers: The case of Progresa/Oportunidades [J]. Journal of Economic Literature, 2017, 55 (3): 866-915.

⑤ 张浩淼. 拉美国家的社会救助改革及其启示[J]. 新视野, 2010, (4): 89-91.

得资金很难到达真正需要现金转移的人群。① 加之该计划是动态管理，这就导致出现了一个重要的问题，即有条件现金援助是应该突然停止对家庭的支持，还是应该逐步取消，因为只有少部分的项目受益人在未来变穷的可能性很低。② 另外，人们对以人性化的方式制定政策越来越感兴趣，这就说明对政策互动影响的关注不仅应该超越简单的提供服务，还应该包括对受助者家庭的主观态度、经历和福祉的关注。③

---

① BRACAMONTES-NEVAREZ J, CAMBEROS-CASTRO M. Poverty in Mexico and its regions: an analysis of impact of Oportunidades Program in the 2002-2006 period [J]. Papeles de población, 2011, 17 (67): 135-175.
② VILLA J M, NINO-ZARAZUA M. Poverty dynamics and graduation from conditional cash transfers: a transition model for Mexico's Progresa-Oportunidades-Prospera program [J]. The Journal of Economic Inequality, 2019, 17 (2): 219-251.
③ RAMIREZ V. CCTs through a wellbeing lens: The importance of the relationship between front-line officers and participants in the Oportunidades/Prospera programme in Mexico [J]. Social Policy and Society, 2016, 15 (3): 451-464.

第三章

巴西的社会救助——家庭津贴计划

巴西作为拉丁美洲面积最大和人口最多的国家，是该地区较早建立社会保障制度的国家之一。1988年巴西宪法规定所有国民均享有社会保障权利后，巴西的社会保障在扩大覆盖面和创新方面屡受国际关注，尤其是21世纪前十年，巴西通过一系列社会保障项目减少了贫困现象和社会不平等。2000—2011年，巴西社会保障体系受益人数增长了44%，从1690万增加到2430万，并减少了12.5%的贫困率，其社会保障方面的成绩为国际社会所称赞，联合国各机构、包括《经济学人》在内的颇具影响力的国际媒体以及不少专家学者称其为发展中国家的典范。[①] 2013年，巴西社会保障更是迎来了高光时刻，国际社会保障协会首次设立的社会保障杰出成就奖，颁给了巴西一项新型社会救助项目——家庭津贴计划（Bolsa Familia）。此计划不仅是全球受益者最多的有条件现金救助项目，受益人口近5000万，约占巴西人口的1/4，而且创造性地将减贫与投资人的发展结合起来，面向家庭，对打破贫困的代际循环具

[①] PORTO de OLIVEIRA O. Brazil exporting social policies: from local innovation to a global model [J]. Journal of Politics in Latin America, 2019, 11 (3): 249-271.

<<< 第三章 巴西的社会救助——家庭津贴计划

有重要的意义。国际社会保障协会的颁奖决定适逢巴西家庭津贴计划建立十周年,这使该计划名声大噪并广为发展中国家效仿。根据世界银行统计,目前有60余个国家实施了类似巴西的家庭津贴计划。① 因此,本章将从家庭津贴计划的产生与发展史、计划所包含的主要内容以及实行以来取得的效果和呈现的特点三个方面进行详细的阐述与揭示。

第一节 产生与发展

一、产生背景

巴西地处南美洲东南部,是南美洲面积最大的国家,领土面积多达852万平方千米,是仅次于俄罗斯、加拿大、中国、美国的世界第五大国,巴西众多的人口、广阔的地域、复杂的民族和种族构成、独特的政治史共同造就了巴西的社会保障制度。在人口方面,巴西拥有丰富的人力资源,巴西形成的人口增长模式基本符合"人口变迁"理论。即出现由传统的高出生率和高死亡率并存转变为现代化初期的死亡率下降,致使人口的自然增长率上升;随着工业化进程走向成熟,出现出生率下降、人口自然增长率回落的趋势。② 20世纪40年代是巴西现代化进程的初期。从那时开始,巴西人口死亡率呈明显的下

---

① 张浩淼. 巴西社会保障:从发展中国家典范到深陷泥潭[J]. 社会保障评论, 2022, 6(4): 17-31.
② 张宝宇. 试论巴西现代化进程中的社会变化[J]. 拉丁美洲研究, 2002, (3): 7-14, 57-63.

降趋势，从 1941—1951 年的 19.7% 降至 1985—1990 年的 7.87%，与此同时伴随着持续的高出生率，在 2022 年人口普查中，巴西人口达到 2.12 亿，成为世界第六大人口大国。同时，巴西作为一个联邦共和国，包括 26 个州联邦（União）、1 个联邦特区（首都巴西利亚所在地）以及 5507 个市镇①，它不仅人口众多，其民族和种族构成也十分复杂，由于殖民主义、奴隶制和有针对性的移民政策等多种因素作用，巴西社会极其多元化。巴西历史上出现了多次移民浪潮，移民者主要来自葡萄牙、西班牙、意大利、德国、法国、波兰和阿拉伯国家等。以 1884—1962 年间为例，迁居巴西的移民就有 497 万多人。除了上述国家之外，巴西还容纳着约 130 万日本人，25 万华人，他们大多分布在里约热内卢和圣保罗。这些群体和子群体在宗教、语言、文化、传统习俗以及生活方式上都有所不同。各类人种的混杂使得巴西人口中形成了一个庞大的特殊人种群体，即各种族之间相互混血，以及各种混血种人之间的再混血儿形成的混血种人。在巴西居民中，真正纯血统的人口已经为数不多。由于巴西人种血缘纷繁复杂，因此被称为"种族的大熔炉"。②

复杂的社会结构产生了复杂的社会需求，巴西作为一个长期被殖民的国家，很难建立起自己的政治文化与政治制度，16 世纪 30 年代，巴西沦为葡萄牙殖民地，葡萄牙人的殖民并没有为巴西带来先进工业和民主政体，带给巴西的除了原始的庄

---

① 刘学在，韩晓琪. 巴西集合诉讼制度介评[J]. 环球法律评论，2010，32（4）：80-91.
② 吕银春，周俊南. 列国志巴西[M]. 北京：社会科学文献出版社，2004：52-53.

园农业之外，就是对印第安人的残酷压迫和血腥杀戮，还有无意间带到美洲的鼠疫、伤寒等灭绝性瘟疫。此外，巴西还受到法国、西班牙、荷兰人的殖民，间断动荡的被殖民史使1822年就独立的巴西，没有成熟的政体可继承和借鉴，长期以来一直只能摸着石头过河。因此巴西的社会保障制度呈现出渐进发展和不断创新的特征，其中的"家庭津贴计划"就极具代表性。

二、发展简史

巴西是拉美国家中较早建立社会保障制度的国家之一。政治、经济、社会、文化的发展变化推动着社保制度的发展完善，其突出表现就是覆盖面一步步拓宽。最早的社会保障雏形是军人退休金制度，1875年建立海军基金，后来扩展到各军种和官僚阶层[1]，但普通民众的生活难以得到保障。20世纪初，巴西的工业得到发展，由此产生的劳资纠纷日益严峻，巴西开始出台一系列社会保障法律，保障劳工权益，渐渐地将社保覆盖面扩展到各行各业。20世纪40年代，巴西的福利事业开始发展，社会福利机构相继成立并出台了诸多社会福利方面的政策，"二战"期间，福利政策主要是为参战士兵提供食物、香烟等物资供应。"二战"后，社保资金在巴西重建中发挥了重要作用。20世纪60年代，巴西经济快速发展，统一的社保制度也逐步在全国建立。1963年，农村劳动者被纳入社保范围内。1967年，军政府颁布法令建立国家社会保险局并

---

[1] 房连泉.20世纪90年代以来巴西社会保障制度改革探析[J].拉丁美洲研究，2009，31(2)：31-36，62，79.

同时取消各行业的退休和抚恤机构，由此各地、各行业的社保机构得到了统一。1971年5月，政府出台了"救助农业劳动者计划"，开始实施农业劳动者福利项目。1988年的宪法规定，巴西所有居民均享有社保权利。宪法第194条将社保范围确定为民众的健康、退休制度和社会救助三方面；第201条规定了社保的具体内容，包括职工的病、残、老、死，低收入家庭子女的抚养、补贴、失业补贴等。

在社会救助方面，拉美是世界上贫富差距最严重的地区之一，其贫困人口也一直处在高位。自20世纪90年代中期起，拉美部分国家开始尝试扶贫制度创新，以期减少贫困，缩小贫富差距，防止社会分裂。[①] 有条件的现金转移计划就是其中最有成效的一项。这一制度包含的设计理念就是通过收入激励保障弱势群体得到必要的教育和健康服务，或者通俗地讲，制度的核心是"以金钱换行动"即政府和贫困家庭订立"社会契约"[②]，此前，政府是通过传统的"食物补贴"进行救助的，而有条件的现金转移计划直接发放资金，受到救助的家庭必须保障适龄子女入学接受教育并定期参加体检。[③] 虽然有条件的现金转移计划本身还存在某些缺陷，但不容否认的是，它是目前最受好评、传播最广、最有效地减少贫困的社会干预措施。

巴西的有条件的现金转移计划是当今世界上覆盖面最广的救助措施，也是拉美地区最早引入CCT计划的救助措施，巴

---

① 郭存海. 巴西和墨西哥的"有条件现金转移"计划评析[J]. 拉丁美洲研究, 2010, 32 (4): 37-42, 80.
② 朱玲. 全球社会保障改革潮流概览[J]. 读书, 2010, (6): 4.
③ 李月鹏. 各国针对儿童与家庭公共服务清单的比较研究[J]. 社会福利（理论版）, 2017, (12): 26-34.

<<< 第三章 巴西的社会救助——家庭津贴计划

西在1995年就已开始进行有条件现金救助项目的地方实践，至今已有27年历史。① 发展至今，巴西的有条件现金转移计划制度设计逐渐成熟，从最初的受益群体的划定到受益资格的认定至现金补贴的发放、监督和评估都有一套完整的流程。同时，巴西的家庭津贴计划是此类项目中全球受益人群最多的有条件现金救助项目，受益人数超过5000万，占全球人口的1/4以上，在社会救助和减贫领域取得的成就引起了国际社会的广泛关注，因此剖析其发展历程与运行机制，分析其实施效果，能对我国社会救助政策设计与选择有所启示。

（一）萌芽阶段：1988年宪法对社会救助原则的确立

1985年巴西举行总统大选，塔克雷多·内维斯的上台打破了巴西近20年的独裁统治，在制宪大会的讨论中，虽然没有将社会救助放在突出地位，但其以社会权、公民权和国家责任为基础的社会制度对以往的社会政策进行了突破，显著地改善了支撑社会政策的基本原则，为社会救助的发展打下了坚实的基础。

在此之前，巴西的福利体制的服务对象主要是在正规部门就业的群体，他们主要是城镇产业工人，未能将诸多贫困群体纳入社会保护体系中，极端不平等和将大多数人口排除在公共服务之外成为当时拉丁美洲各国的共同特征。② 由于社会经济发生了变化，巴西不得不开始关注社会贫困问题，并将减贫救助纳入政策议程阶段。1979年3月，费格雷多将军就职，这

---

① 张浩淼，杨成虎. 巴西有条件现金转移支付救助实践及其对我国的启示[J]. 西部经济管理理论，2021, 32（1）: 77-86.
② SOARES S S D. Bolsa Família, its design, its impacts and possibilities for the future [M]. Lanham; Maryland: Rowman & Littlefield, 2012.

91

也是巴西的最后一届军人总统，在其执政期间，巴西经济上经历着严峻的考验，由于经济发展的周期性和国际石油价格的上涨，20世纪70年代中期巴西"经济奇迹"结束。出于政治因素的考虑，20世纪70年代后期盖泽尔政府推行"负债增长"的战略，费格雷多政府依然拒绝实行经济紧缩政策，因此导致通货膨胀日益严重、外债高筑（已占出口收入的三分之二）。[①]同时，1979年的第二次石油危机使巴西的经济社会情况越发不乐观。经济形势的不乐观造成了大量的失业和贫困现象，然而，巴西普通的公众对经济衰退没有充分的心理准备，此前巴西已经历了11年的未曾中断的经济增长，大家都认为经济增长会持续下去，民众开始对政府产生怀疑。1979年8月，即进入费格雷多政府仅仅5个月后，负责推动改革的计划部长马里奥·西蒙森被迫辞职。1983年，Se广场的"直接选举"游行逐渐演化成一场全国抗议，两个月后，塔克雷多·内维斯这位文人总统的上台彻底结束了军事统治，民主获得回归。[②]随之提出了一系列解决问题的政治承诺和围绕未来道路的诸多构想。

　　1988年宪法的颁布从法律层面推动了社会保护体系的发展，建立了面向陷入贫困的老年人和残疾人提供持续性现金福利的制度。在宪法得到批准后，巴西又进行了法律与政策的巩固，在1993年出台的《有机社会救助法》定义了政府在社会救助中扮演的角色，《有机社会救助法》促使持续福利提供

---

① 董经胜. 巴西政府的经济政策和债务危机的形成（1974—1985）[J]. 安徽史学, 2005（2）: 11-17.
② 徐勤贤, 窦红. 巴西政府对城市低收入阶层住房改造的做法和启示[J]. 城市发展研究, 2010, 17（9）: 121-126.

(BPC) 计划得以实施。BPC 是一个覆盖极端贫困的老年人和残疾人的非缴费型养老金。在实践中，BPC 计划是终生月度养老金计划（由军人统治者在 20 世纪 70 年代出台，限制条件非常严格的终生月度养老金计划制度）的延伸。BPC 计划从 1996 年开始实施，向以下人群每月转移支付一份最低工资（依据 1988 年宪法的规定）：70 岁及以上的老年人（在 2003 年降至 65 岁）、残疾人。

（二）发展阶段——不断完善的津贴计划

虽然 1988 年的巴西宪法确定了基于公民权的社会救助原则，促使巴西出台了针对老年人和残疾人的收入保障机制，但是市政当局维权行动促成了学校津贴计划和其他直接转移支付计划的诞生。

巴西的学校津贴计划是拉美地区第一个可以被查证的有条件现金转移计划，它也是巴西家庭补助金计划的起源。从理论上讲，这一计划源自围绕保障收入必要性的国内讨论。随着社会经济条件的变化，决策者和研究者越来越意识到贫困存在多维性和长期性。关于最低保障收入的讨论能够追溯到巴西劳工党首位当选参议员爱德华多·普雷西的长期呼吁。受到弗里德曼负所得税建议的影响，参议员爱德华多·普雷西在 1991 年提出一项法案以建议实施税收转移支付计划。该提案获得了巴西参议院的批准，但从未付诸实施。一位因贫困研究而久负盛名的学者兼巴西工人党党员何塞·马西奥·卡马戈建议，倘若保障收入不能有效改善贫困家庭生产力的话，就不大可能对巴西的长期顽固性贫困产生积极影响。因此，将转移支付与改善儿童教育状况挂钩就显得合情合理，并能够使保障收入的构想落实为政治行动。1988 年巴西宪法并未改变该国的基本政治架构，却极大地促进了分权。在巴西，城市是联邦实体，因此城市拥有相当大的实验空间，一些城市开始实验与子女教育挂钩的保障收入计划等干预措施。1995年，学校津贴计划率先于巴西利亚联邦区推出，这一计划帮扶对象为儿童，目的在于通过现金来补贴贫困家庭，使他们的孩子入学接受教育。在家庭津贴计划中，家庭人均月收入不高于该区域最低工资的一半；在联邦区至少居住达5年，必须送适龄儿童入学且出勤率须达到90%以上的家庭能够享受资助。到1997年该计划已惠及联邦区22493户家庭的44382名儿童，总支出3200万雷亚尔。此项计划以低投入获得了显著效果，通过联邦区预算的1%的支出，使联邦区学生的旷课率从计划实施前1994年的10%下降到1997年的0.4%。显著的效果产生了极大的示范效应，学校津贴计划从众多的减贫计划中脱颖而出，其他城市纷纷效仿，由此学校津贴计划很快在其他城市推广开来。同时，这一计划也得到了联邦政府的支持，1997年，巴西联邦政府向各市提供财政激励以支持其实施此计划。2001年4月，学校津贴计划成为联邦计划，由巴西教育部负责。除此之外，其他的联邦行动还包括1996年首次推出的杜绝童工计划（PETI），这一计划最初在一些童工从事危险职业发生率较高的城市实施，可以向儿童家庭提供直接的现金转移支付，为儿童提供课后补习教育，该计划也取得了良好的效果。

学校津贴计划和杜绝童工计划（PETI）的成功，证明了向贫困家庭提供直接现金转移支付的合理性，同时也刺激了在其他领域的类似政策行动。2001年卡多佐总统新增2个社会计划——食品津贴计划和燃气津贴计划，连同学校津贴计划一起置于联邦政府名下管理并开始向全国推广。① 食品津贴的救助对象为准妈妈和婴儿,旨在降低营养不良率和婴儿死亡率。2003 年,巴西矿业和能源部开始实施燃气救济补贴,用于补偿贫困家庭因燃气价格自由化而遭受的损失。

(三)整合阶段——家庭津贴计划的成型

20 世纪 90 年代中期以来,巴西在部分地区试点的多类有条件现金转移支付救助项目,提供救助金与儿童营养、健康、教育等促进人力资本提升的条件相挂钩,② 2003 年卢拉总统上台后对前文提到的食品津贴、燃气津贴与学校津贴计划进行整合,创建了家庭津贴计划并新成立了反饥饿和社会发展部(通称社会发展部),负责计划的统筹管理。系统性的整合大大地降低了行政成本,使补贴资金可以更有效地用于贫困家庭而不是耗费在管理环节中,同时也避免了单行计划的重复建设和多头管理,提高了受益群体的资格认定效率。截至 2006 年,家庭津贴计划已经形成一个统一的全国性社会安全网,用于该计划的社会支出占 GDP 的 0.5%,覆盖卢拉总统随后宣布实施家庭补助金计划,为 1100 万个极端贫困家庭提供转移支付,并将所有补贴计划整合进来。于是一个名为"巴西社会发展和零饥饿部"的新部门成立,负责管理该计划。

21 世纪前十年,随着家庭救助计划的不断推进,该计划成了减贫和扭转长期以来不平等加剧趋势的重要因素。社会救助也已成为巴西政治辩论的核心议题。从中可以看出,一个有

---

① 郭存海. 巴西和墨西哥的"有条件现金转移"计划评析[J]. 拉丁美洲研究, 2010, 32 (4): 37-42, 80.
② 张浩淼. 巴西社会保障:从发展中国家典范到深陷泥潭[J]. 社会保障评论, 2022, 6 (4): 17-31.

效的政策从来都不是一蹴而就的,它经历了萌发、发展到整合的多个阶段,因此探寻巴西社会保障制度的发展历程对于我们了解拉丁美洲国家以及发展中国家都有很强的借鉴意义。

第二节 主要内容

一、家庭津贴计划概述

巴西的家庭津贴计划是一项覆盖全国,旨在缓解社会矛盾,减轻生活贫困或极度贫困家庭负担,帮助其扩大教育及健康服务的有条件现金转移计划。该计划最初是以巴西早期推行的消除童工计划、助学金计划、粮食补助计划、天然气计划和食品卡计划为基础,随后在联邦政府的有力整合下,于2003年10月正式创建,2004年1月被纳入法律。作为一项具有巨大影响力的创新性社会救助项目,该计划投资少,见效快,覆盖面广、易推行的特点,促使巴西乃至世界都对其予以巨大的重视。2011年,家庭津贴计划成为巴西旨在消除极端贫困目标出台的无贫困计划一部分;2013年,家庭津贴计划获得国际社会保障协会首次设立的社会保障杰出成就奖;[1] 2014年,家庭津贴计划被联合国粮食及农业组织(FAO)列为巴西战胜饥饿的主要战略之一。

在这短短推行的十几年时间,家庭津贴计划用其杰出的救

---

[1] 张浩淼.巴西社会保障:从发展中国家典范到深陷泥潭[J].社会保障评论,20226(4):17-31.

助效果诠释了巴西乃至世界对其均如此重视的原因，据统计，2006年，家庭津贴计划就已形成一个统一的全国性社会安全网，用仅占全国GDP中0.5%的支出，完成对大概1120万户家庭，近4400万人口的救助；① 2009年，为解决覆盖范围有限的问题和应对国际金融危机的影响，家庭津贴计划救助范围扩展至1290万家庭；2015年，家庭津贴计划为约1383万户受益家庭，近25%的巴西人口提供服务；2022年，家庭津贴计划更是预估会实现对1700万户家庭提供救助服务。家庭津贴计划以微小的社会投入成本代价，短时间便实现了贫困现象的缓解、家庭人力资本的提高、贫困代际传递的阻断等各项难题，② 为全世界提供了优秀的救助经验，为众多发展中国家树立了典型的救助标杆。现如今，家庭津贴计划更是成了全球受益者最多的有条件现金救助项目。根据世界银行统计，目前已经有60余个国家均实施了类似巴西的家庭津贴计划。

二、管理与信息系统

家庭津贴计划的成功离不开其管理系统与信息系统的高效运行。巴西家庭津贴计划由社会发展与反饥饿部下属的国民收入秘书处负责项目运行，其职责主要有：制定项目运行的规章制度；与各州和市进行协商；确定受益水平；确定条件限制、监管及惩戒机制；确定项目瞄准机制与预算；监管项目执行与日常监督等。巴西联邦储蓄银行负责与补贴发放相关的信息接

---

① 郭存海. 巴西和墨西哥的"有条件现金转移"计划评析[J]. 拉丁美洲研究, 2010, 32 (4): 37-42, 80.
② 左停, 李世雄, 武晋. 国际社会保障减贫：模式比较与政策启示[J]. 国外社会科学, 2020, (6): 35-45.

收和处理，负责每户家庭补贴的支付（主要通过 ATM 卡完成项目拨款），而家庭贫困信息和补贴发放的具体规则由国民收入秘书处提供。计划运行的基础和关键在于信息系统的整合，家庭津贴计划的信息库为统一注册系统（Single Re-gistry），该注册系统实质上是随时滚动调整的巴西贫困人口普查数据库。该系统对瞄准贫困群体和提高项目运行效率起着重要作用，通过该系统，巴西政府可以全面掌握贫困人口的各项特征（如收入来源、居住地、基本公共服务获得情况与群体规模等）。人均收入低于最低工资的一半或总收入低于三倍最低工资的家庭有权在统一注册系统进行登记，获得注册资格的人数多于家庭津贴计划实际受益人数。注册信息由市政代理机构负责收集，在大中型城市主要由社会工作者负责，在小型城市则主要由教育、健康或公益组织（如红十字会）等机构来完成。信息收集流程为：国民收入秘书处和联邦储蓄银行制定标准化问卷，由地方市政机构负责问卷的调查（下文中的家计调查），并将调查结果以纸质或者网络形式反馈至国民收入秘书处。[①]

三、受益对象的选择

家庭津贴计划是针对巴西所有贫困家庭设立的救助计划，主要是针对那些月人均收入低于 154 雷亚尔（截至 2017 年 6 月约为 45 美元）的贫困家庭。与其他救助计划不同，家庭津贴计划不是以个人为救助对象，而是以家庭为获得救助的基础

---

① SOARES S S D. Bolsa Família, its design, its impacts and possibilities for the future [M]. Lanham, Maryland: Rowman & Littlefield, 2012.

<<< 第三章 巴西的社会救助——家庭津贴计划

单位。为实现对救助对象的精准识别与选择，该计划的实施主要是依据家计调查结果来确定的。家计调查结果由工作人员通过对每个家庭代表（通常选择母亲）的详细调查而得，并实时将该结果数字化处理后上传至统一注册系统中，从而形成基础性数据库，随后还会为家庭各成员分配一个单独的社会识别号码（NIS），作为后续受益对象确定的基础性依据。

值得说明的是，家庭津贴计划受益对象的选择会受到财政预算的约束，新家庭的进入只有在旧家庭退出该计划时才有可能，从而涉及各市州不同层级政府间的博弈，即进行相关项目人数配额等的协商，因此最终受益对象的选择会受到各个市州指标配额的影响。在这种情况下，可能出现一种有资格但不一定是受益者的奇怪现象，在一定程度上造成了排除率和纳错率，尤其是因未能考虑收入不确定导致的贫困人口与边缘贫困人口从而产生排除率。①

当然，如果现有救助人群规模在已有预算范围内，则该计划会优先考虑月人均收入最低的家庭，其次是18岁以下儿童和青少年人数最多的家庭。此外，该项目还优先选取非裔巴西人家庭（属于长期存在的非裔巴西人社区）、土著家庭、从事非正式回收工作的家庭、依赖童工的家庭以及有成员从类似于奴隶制的条件下解放出来的家庭提供救助服务。

---

① SOARES S, RIBAS R P, SOARES F V. Targeting and coverage of the Bolsa Familia Programme：why knowing what you are measure is important in choosing the numbers [EB/OL].（2010-10-15）[2022-5-24] https：//ipcig. org/publication/26838.

四、领取基本条件

巴西 2004 年家庭津贴计划规范性法规 Lei10.836 规定，家庭必须及时送儿童入学并进行健康检查和疫苗接种，才能够获得补贴。设置行为条件限制是 CCT 项目最重要也是区别于其他项目的显著特征，巴西家庭津贴计划的条件限制具体来说，主要包含两大方面，健康方面的限制以及教育方面的限制。

就健康方面的限制而言，如果受益家庭中有 7 岁以下的儿童，该家庭就必须确保儿童能够接种巴西免疫接种计划中所列举出的 11 种疫苗，才可获得补贴。同时，此类家庭还必须定期带儿童进行健康检查，以达到检测孩子生长与发育的目的。具体来说，当孩子仅 1 岁时，则需保证 1 年 6 次的检查频率；当孩子 2 岁时，需保证 1 年 2 次的检查频率；随后每年只需要检查 1 次。此外，如果受益家庭中有孕妇，准妈妈必须参加产前检查和哺乳咨询，该家庭才能获得补贴。

就教育方面的限制而言，如果受益家庭中有 18 岁以下的儿童和青少年，该家庭必须让他们的孩子入学，并确保有足够的出勤率，才可获得补贴。具体而言，对于 6~15 岁的儿童和青少年，要求其出勤率达到 85%，对于 16~17 岁的青少年，要求其出勤率达到 75% 以上。

五、受益水平

根据家庭内部成员以及不同的贫困状况，目前巴西的家庭津贴计划主要形成了四种不同类型的收益水平。具体而言：

第一种是固定福利补贴,补贴金额为77雷亚尔。固定福利补贴的颁布主要是针对生活在极端贫困线以下的家庭,旨在帮助此类家庭满足最基本的生活需求。该项福利是以收入为衡量标准,只要是月人均收入低于77雷亚尔的家庭,无论家庭内部组成情况如何分布,均可获得此项福利。同时,福利补贴标准随着极端贫困线的变化而动态演进,如2004年其补贴金额仅为50雷亚尔,随后在2007年、2008年、2009年以及2011年则分别为58、62、68以及70雷亚尔,现如今已达到77雷亚尔,补贴金额在逐步提升。

第二种是可变福利津贴,补贴金额为35雷亚尔。可变福利津贴的获得除了有收入限制外,还要求在统一注册系统中家庭月人均收入低于贫困线,并与家庭成员情况如儿童和青少年龄及数量等密切相关。起初,该项津贴仅针对家里有0~14岁儿童和青少年的贫困家庭,在这一年龄范围内的家庭可获得每人每月15雷亚尔的补贴,补贴数量最多不超过三个儿童。随着时间的推进,该项津贴在对象范围上逐步扩大,主要针对家里有0~15岁儿童和青少年的贫困家庭,在这一年龄范围内的家庭可获得每人每月35雷亚尔的补贴,且补贴数量最多不超过五个儿童。

第三种是可变青年福利津贴,补贴金额为42雷亚尔。可变青年福利津贴所针对的对象亦主要是在统一注册系统中家庭月人均收入低于贫困线或极端贫困线的家庭,同时要求其家庭内部还必须包含16~17岁的青少年。2008年,在符合该条件的家庭中,每个青少年每月仅可获得30雷亚尔,数量限制为两个青少年。伴随着经济的发展、福利水平的提升,截至目前,在符合该条件的家庭中,每个青少年每月可获得42雷亚尔，数量限制不变，领取期限直到青少年年满 18 岁当年的 12 月。值得注意的是，可变福利津贴与可变青年福利津贴的补贴发放对象通常都为母亲，母亲在补贴的分配和使用中具有决定权，这在一定程度上提升了女性在家庭中的话语权和决策能力。同时，母亲在获得补贴金额的同时，也意味着需要遵循相关的义务并承担责任，如督促子女达到学校出勤率要求、做好婴幼儿疫苗接种和产前护理等。

第四种是克服极端贫困的福利津贴。该项福利津贴的对象是针对那些即使在接受与其家庭组成相对应的其他福利津贴后，收入仍未超过极端贫困线的家庭。与其他三种津贴计划不同，此种福利津贴是通过分析每个家庭的情况来具体进行计算福利补贴金额的，具有极大的灵活性，其补助金额相当于该家庭实现人均收入 77 雷亚尔所需的每月金额。

通常而言，针对一个极端贫困的家庭，只要符合各福利津贴的基本条件，即可同时享受多项福利，但是每月最高补贴金额不可超过 336 雷亚尔。

六、监测机制

监督条件履行的机构在监测过程中形成了一种自上而下和自下而上双向互动的信息传递流，践行分权与集权相结合的管理理念。教育状况的监测由州和市教育秘书处负责并将结果反馈给教育部，医疗状况的监测由州和市卫生秘书处负责并由卫生委综合，社会发展与反饥饿部接收最终数据并反馈给受益家庭。①

具体就教育监测而言，通过统一注册系统将学生信息和学校编码指数化后形成学生名单，然后由教育部将名单分发给州和市教育秘书处，最终传递至学校校长手中，校长最后通过网络将学生信息直接传递给教育部。如果学校没有网络，则以纸质形式向当地教育秘书处提供资料，当地教育秘书处进行汇总后通过网络提供给教育部，最后由教育部提供给社会发展与反饥饿部，信息数据每两个月更新一次。

健康状况的监测与之类似，卫生委会从社会发展与反饥饿部获得一份关于家庭津贴计划详细的受益名单，并通过家庭津贴计划的健康管理系统将该名单传递给各个市。各市根据该名单制定家庭津贴计划的监测表，将其分发至其管辖范围内的初级保健中心。各初级保健中心基于检测表实时记录受益对象对健康条件的遵守情况，再逐步反馈至卫生委，并由卫生委整合数据完毕后，统一提供给社会发展与反饥饿部。值得注意的是，健康状况的监测则是每六个月核查一次，核查期为1—6月和7—12月。

七、惩戒机制

作为一项有条件的现金转移计划，惩戒机制的构建是推动家庭津贴计划顺利推行的重要保证。为保证惩戒机制的高效运转，巴西将因未遵从条件而受到的惩戒举措与受益的获得相互关联。当受益家庭不再遵守家庭津贴计划要求的基本条件时，

---

① 张浩淼，杨成虎. 巴西有条件现金转移支付救助实践及其对我国的启示[J]. 西部经济管理论，2021，32（1）：77-86.

未来社会发展与反饥饿部便会通过条件管理系统，实施相应的处罚措施，并告知联邦经济委员，由其开展相应的配套举措，对受益家庭的福利津贴金额予以限制。具体而言，惩罚举措的推进是一个循序渐进的过程，严格遵循着"警告—福利的暂时性中断—福利暂停—福利终止"的惩罚路径有序实施。以教育状况为例，社会发展与反饥饿部在收到教育部的数据后确定条件是否得到遵从，如果家庭是出于不可抗因素（如自然灾害）而未能遵从，则维持补贴发放，如果没有可接受的理由说明条件未遵从情况，则会向市政机构和相关家庭发出第一次通知。第一次通知发出后，如学校出勤率仍低于85%且没有可接受的理由，则在两个月后再次发出通知，补贴将暂时冻结。当受益家庭在银行取款时，会收到补贴已被冻结的提示信息，只有出勤率得到满足或提供可接受的理由时才能够解除冻结，冻结期间的救助金额在条件得以遵从后会予以补发。如果在第二次通知后的两个月里学校出勤率仍旧不足，则津贴会被暂停发放。如果这种未满足情况持续一年，则该补贴将被永久取消，同时受益资格将转移给其他家庭。对于健康条件未遵从的惩戒与此类似。

当然，社会发展与反饥饿部亦为不遵守救助条件的家庭实施了一项社会援助的支持战略。此项支持是在封锁福利之前提供的，施行的目的主要是确定家庭不遵守家庭津贴计划所限制条件的原因，并希望在摸清缘由的基础上，通过实施其他社会计划帮助这些家庭，从而推动家庭对该计划限制条件的重新遵守。此外，如果受益家庭认为自己所遭受的惩罚是不公平且不公正的，在向市政经理提交其并未违反受益条件相关证明材料的基础上，可提起上诉，要求取消惩罚举措。

<<< 第三章　巴西的社会救助——家庭津贴计划

八、退出机制

巴西政府推出家庭津贴计划的主要意图是利用公共政策来帮助贫困家庭通过自我努力实现脱贫，因此，并未设置专门的退出时间限制。项目的退出有一部分是因未遵从条件而被取消受益资格，有一部分是因家庭收入和儿童年龄不再符合标准。补贴发放期限为2年，市政当局每两年必须进行家访，并更新统一注册系统数据，以重新确定该家庭是否具备受益资格。此外，该系统与劳动力市场数据相联通以确认家庭收入，符合标准的会被要求自然退出。当然，退出机制不仅仅是项目退出，更注重家庭长期可持续发展能力，退出后的受益资格的重新认证与收入干预更为重要。2008年，巴西政府推出"下一步"计划，该计划由政府部门和私营部门参与，目的在于为家庭津贴计划中的成年人提供技术培训，以确保他们能够在政府的建设项目中获得工作。巴西每隔两年会对退出计划的有18岁以下儿童的家庭进行资格的重新认证，并对退出后的自雇人员和工资就业者进行收入干预。对自雇人员而言，在城市主要是给予小额信贷和创业优惠，在农村则是提供技能培训、技术转移（如种子、肥料）和联系市场等。对工资就业者而言，政府实施了国家技术培训和就业计划，在全国各地为技能缺乏人员提供大量的课程学习机会和免费书本等学习资料，并对参与计划时的交通和食物提供补贴。[1]

---

[1] 房连泉. 20世纪90年代以来巴西社会保障制度改革探析[J]. 拉丁美洲研究，2009，31（2）：31-36，62，79.

第三节 特点与效果

一、特点

家庭津贴计划是作为社会包容和经济发展综合战略的一部分诞生的。与卢拉政府初期出现的其他举措相联系，家庭津贴计划经历了一个成功的轨迹，有效地为改善生活条件和扩大数百万巴西家庭的机会做出了贡献。巴西作为世界上最早在全国实行CCT计划的国家之一，其制度设计等方面具有鲜明的特点。也正是因为这些特点，巴西的家庭津贴计划得到国际组织和众多国家的赞同与效仿。根据其对象选择、条件内容的设置、惩罚机制、退出机制、执行监督、项目管理等主要内容，将其特点进行阐述。

（一）具有短期和长期相结合的减贫目标

与以往的减贫计划相比，CCT计划所包含的减贫理念已经发生根本性的变化，摒弃了传统的单一减贫目标。[①] 从1995年巴西政府推出的单一计划项目到2003年开始将五个项目整合的实践可以看出，基于以家庭作为选择的对象，家庭津贴计划中项目的短期目标旨在减少当前家庭所出现的贫困问题以及由此而带来的一系列问题，长期目标则是不仅要对家庭扶贫输血，更要扶志造血，进行人力资本的积累，打破贫困和不平等现象在代际中的传播。巴西人普遍认为，贫穷和教育在本质上

---

① 郭存海.巴西和墨西哥的"有条件现金转移"计划评析[J].拉丁美洲研究，2010，32（4）：37-42，80.

密切相关：通过解决贫穷的结构性根源，可以长期或彻底消除贫困。此外，通过理解这一点，赠款可以与消除贫困的根源联系起来，而不是简简单单地暂时性扶贫。巴西的减贫概念可分为两种策略：第一，向穷人提供最低收入，第二，消除贫困的结构性根源。第一种策略是通过现金捐款实施的。第二种策略是通过为获得赠款而制定的条件提出的。① 这两种策略也与长短期目标有效地结合起来。因为在大多数情况下，贫困不仅是由于收入低下造成的，还可能是各方面能力匮乏引起的。能力的根本是素质，而且是更重要的素质。"贫困文化"的研究者早就提出，不但要关注穷人的生活状态，而且更要关注他们的价值观念、生活态度和行为模式。

(二) 高效透明的津贴发放机制

首先，巴西的津贴计划由社会发展部全国公民收入秘书处负责制定。该机制的具体内容是：建立方案执行的规范和规章制度、与各州和市政当局对话、确定每个家庭的工资、定义条件、如何监控它们以及对不遵守的制裁、确定覆盖目标，从而确定方案预算、制定市政目标和限制、与联邦政府其他部门对话、监督方案执行和定期评估。② 可以从具体内容中看出津贴发放的透明化，这就大大减少了发放环节中间贪污腐败的滋生，同时又加强了贫困人口对家庭津贴计划的满意度。其次，巴西联邦储蓄银行负责运行该项目，它负责接收每个市政当局

---

① NIELSEN P G. Social development through efficient policies, evaluating the impact of Bolsa Familia [EB/OL]．(2016-6-13) [2022-5-23]．https：//ipcig．org/publication/27923．
② SOARES S. Bolsa Familia, its design, its impacts and possibilities for the future [EB/OL]．(2012-12-29) [2022-6-20]．https：//ipcig．org/publication/26747．

收集的关于其贫困人口的信息，处理这些信息，计算人均收入，从而确定每个特定家庭将得到多少钱，打印ATM卡并将它们发送到每个家庭。相比于墨西哥CCT计划中通过邮局以及设置相关临时领取点的领取津贴的方式而言，巴西的津贴发放更高效。

（三）集权与分权灵活管理的原则

巴西家庭津贴计划的顶层设计由社会发展部负责，进行相应的监督及协调。在计划执行方面，由社会发展部同各州市签署强制性的计划协议，规范使用家庭津贴计划。在2003年年中，巴西有了四个联邦有条件现金援助项目，每个项目都有自己的执行机构、自己的融资计划、自己的福利和资格水平。联邦政府根据几乎相同的理由，向不同的家庭转移了不同的数额。不同机构之间没有沟通，每个方案都有自己的信息系统，它们之间没有任何的联系。一个家庭可以收到四种方案。到2003年年末，市政是家庭津贴计划执行的绝对中心，市长和他们的雇员，而不是其他人，有责任确定谁是穷人。如果单一登记处是计划的心脏，市长们就是静脉，没有他们登记处将只是一个空的数据库。很大一部分保健和教育服务也由市政当局提供，市政机构还负责核查条件，这是一个至关重要的作用，没有主管的市政当局，整个方案将受到影响。[1] 在具体的CCT计划项目方面也能够体现出集权与分权的管理色彩。CCT计划强调补贴的获取必须以一定的行动作交换，如送适龄儿童入学、家庭成员定期接受免费体检、改善儿童的营养结构等。其

---

[1] SOARES S. Bolsa Familia, its design, its impacts and possibilities for the future [EB/OL]. (2012-12-29) [2022-6-20]. https://ipcig.org/publication/26747.

背后的目的很明显,就是通过救助措施,减少未来可能的贫困风险。① 政府整合了教育、医疗等方面的资源,形成资源获取的服务包,受益人获取服务包的条件隐含自我管理,即主动权在申请人自身。未达到有效的自我管理,便会因未遵从条件而被取消受益资格,最终退出项目。

(四) 注重退出机制,培养自我脱贫能力

巴西政府推出家庭津贴计划的主要意图是利用公共政策来帮助贫困家庭通过自我努力实现脱贫,因此并未设置专门的退出时间限制。项目的退出有一部分是因未遵从条件而被取消受益资格,有一部分是因家庭收入和儿童年龄不再符合标准。② 巴西政府认为退出机制是积极的干预手段,有实行的必要性。首先,实行退出机制符合家庭津贴计划的目标要求。计划的最初目标便是让贫困家庭进行人力资本的积累,打破贫困的代际循环,避免未来的返贫等现象。其次,巴西政府财政能力的限制,因为只有老的受益家庭及时退出,才会有新的贫困家庭对象进入,如果老的受益家庭长期"挤压",则会使巴西政府的财政压力加大以及可能出现养懒汉等现象而未达到培养贫困家庭自我脱贫能力的目标。最后,激励受益家庭进行市场参与。让他们的脱贫能力在参与市场活动中得到提升,处于资格认定边缘的群体则会更快地进入受益圈,最终形成进入和退出的良性循环。当然,退出机制不仅仅是项目退出,更注重家庭长期的可持续发展能力,退出后的受益资格的重新认证与收入干预

---

① 郭存海.巴西和墨西哥的"有条件现金转移"计划评析[J].拉丁美洲研究,2010,32(4):37-42,80.
② 张浩淼,杨成虎.巴西有条件现金转移支付救助实践及其对我国的启示[J].西部经济管理理论,2021,32(1):77-86.

更为重要。在重新认证方面，巴西政府要求受益家庭每隔两年到地方性的项目注册处登记，如果没有按时登记，则会被取消受益资格。在收入干预方面，干预的项目主要包括就业培训、技术援助、小额信贷、创业启动补助和生产资本（如种子、化肥和家畜）支持等。当地政府还为诸如农民、木匠等小生产群体提供了与市场相连接的项目等。

二、效果

巴西是拉美第一大国，也是拉美地区贫富最为悬殊的国家之一。巴西的家庭津贴计划自从2005年基本框架建立以来取得了一些效果，根据世界银行以及拉美各国的联邦银行的政策效果评估，其对减少贫困与不平等、提高儿童教育水平、改善儿童饮食的营养结构等方面有显著的影响。但任何政策都不是万灵丹药，其积极影响都是相对而言的，下面对家庭津贴计划的效果进行阐述。

（一）对贫困与不平等的影响

目前，巴西的家庭津贴计划是全球覆盖人群最多的CCT计划，受益群体总数超过5000万，占巴西总人口的四分之一以上。在2001—2004年期间，劳动力收入中的最贫穷的20%的人在同一时期的收入增长了19.2%。同时在这三年间，最贫穷的10%的人的收入增长了23.3%。[1] 2006年，家庭津贴计划占巴西政府总开支的2.5%，覆盖大约112万个家庭，直接

---

[1] PEDRO H G, FERREIR de S. Social policies and the fall in inequality in Brazil: Achievements and challenges [EB/OL]. (2012-12-29) [2022-6-1]. https: //ipcig. org/publication/26750.

受益人口约4400万。根据世界银行数据显示，巴西的贫困人口比例（按每天1.90美元衡量）从1995年的14.7%降低到2020年的1.9%，家庭津贴计划在其中的作用显而易见。[①] 有研究认为，巴西家庭津贴计划对总体贫困的影响不大，对贫困减缓的贡献率为8%，但对贫富差距和极端贫困的减缓作用很大，贡献率分别为18%和22%，对巴西减少不平等降幅的贡献率在16%到21%之间。从反映贫富差距的基尼系数来看，由1995年的58.6%下降到2020年的48.9%。从以上数据可以看出，巴西的家庭津贴计划的直接效果是贫困和不平等现象日渐缓和，贫富差距逐步减少。不平等现象主要表现在家庭内部的不平等，在极端贫困的家庭中，男性与女性、成人与小孩、年轻人与老年人之间的不平等通常会被强化。在贫困家庭中，贫困妇女很难有机会从物质压迫中获得解放。有研究表示，调查的妇女都提到补助金卡上写有她们名字所带来的积极性。她们所使用的经典理由就是，女人能更好地管理家庭开支，而男人不能恰当地使用金钱，还有一些妇女表示，补助金为她们在困难婚姻中提供了"解药"。[②] 当然，贫困与不平等问题的改善并非仅仅是计划实施的结果，还需要综合考虑国际环境、各种公共政策等共同作用的影响。

（二）对教育的影响

打破贫困的代际循环，加强人力资本的积累，教育是重要

---

① THE WORLD BANK DATA. [DB/OL]. [2022-6-2]. https：//data.worldbank.org.cn/country/brazil? view=chart.
② 亚历山德罗·平莎尼，瓦尔基里娅·多米尼克·莱奥·雷戈，高静宇. 巴西的扶贫政策：家庭补助金计划对受益者的影响[J]. 国外理论动态，2015（8）：88-97.

的切入口。巴西政府很清楚地认识到教育对减贫的意义，让更多的孩子回到教室接受教育，而不是过早就辍学就业。家庭津贴计划是在巴西政府推出的助学金计划基础之上建立起来的，助学金计划直接将贫困家庭与儿童教育联系起来，进一步促进提高贫困家庭中儿童的入学率和疫苗接种率。到 2001 年年末，该项目覆盖了 5562 个市的 98% 的贫困家庭，使 480 万家庭的 820 万儿童受益，政府总计补助金额达到 7 亿美元。所以助学金计划有效地加强了儿童教育并增强了儿童的身体素质。还有研究者模拟了该项目对参与儿童生产力的长期影响，项目研究表明，受教育年限增加 1.5 年，劳动收入即可增长 11%，收入增长比教育成本高出许多。研究表明这项计划有力地减少了巴西的赤贫和饥饿，增加了入学率，降低了辍学率，同时将贫困率降低了 12%~18%，但其成本仅为 GDP 的 0.5%。2003 年，助学金计划发展成为家庭补助金计划，它将条件对象由儿童个人扩展到家庭。具体条件为：（1）儿童的年龄在 6~15 岁，在学校就学，出勤率至少要达到 85%；（2）7 岁以下的儿童定期到卫生所检查过发育情况和接种过疫苗；（3）怀孕妇女接受过围产期保健。总之，该计划在提升儿童入学率、减少辍学率方面取得了积极成果，从而对推动巴西教育产生了积极影响。计划实施后，将近 900 万 6~15 岁的家庭津贴计划受益人在计划系统注册登记。

（三）对健康和营养的影响

卢拉政府成立后，与广大的城乡选民见面时，卢拉向广大人民承诺：让每一个巴西人吃上一日三餐，也就是家庭津贴计划中的"零饥饿计划"，此计划赢得了广大穷人的拥护和支持。零饥饿计划中对贫困对象身体健康和营养的主要内容有：

保证农村贫困家庭的饮食权、卫生条件得到改善以及保证公民获得清洁的饮用水等。在零饥饿计划中最突出的是家庭补助金计划，其中包括食品补助计划、燃气扶助和食品卡片等计划，目的是保障食品安全，根除极端贫困。可以看出，这些内容对于贫困人群健康的改善以及营养的补充起到至关重要的作用。一些贫困妇女在接受调查时反映她们用补助金获取新的食物，如肉类、酸奶等。可以看出补助金给她们提供了改善家庭营养状况的机会。① 妇女健康和营养的改善带来的直接影响是儿童的健康和营养。随着零饥饿计划逐步覆盖，新生婴儿的死亡率也在逐步减少。有研究将受益家庭津贴计划的家庭同未参与家庭津贴计划的家庭进行了对比，受益家庭中的儿童在接受更好的营养后，其身高要符合于正常年龄身高的可能性高出26%，参加家庭津贴计划的12~35个月和36~59个月的儿童拥有适龄身高的机会分别比未参与家庭津贴计划的儿童高19%和41%。② 在巴西米纳斯吉拉斯州规范与发展中心的研究表明，家庭津贴计划有力地驱动了家庭消费，且主要消费集中在食品、儿童健康、教育三大领域，有力地改善了贫困人群的健康与营养水平。

（四）对童工的影响

巴西贫困家庭的孩子很早就开始为经济外出务工或务农，他们不得不辍学成为一名童工。随着家庭津贴计划在巴西城市

---

① SOARES S. Bolsa Familia, its design, its impacts and possibilities for the future [EB/OL]. (2012-12-29) [2022-6-20]. https://ipcig.org/publication/26747.

② SOARES S. Bolsa Familia, its design, its impacts and possibilities for the future [EB/OL]. (2012-12-29) [2022-6-20]. https://ipcig.org/publication/26747.

和农村地区的展开，计划的条件刺激家长们送适龄儿童上学和定期参加体检，他们也认识到教育可以打破贫困的代际循环，所以儿童入学率在增加，童工的总数量在一定程度上呈下降趋势。但计划对于减少城市童工的成效不明显。在农村地区的贫困家庭让孩子离校做家务活，如在田间劳作学习做农活，他们所做的工作是暂时性的，且计划允许儿童缺勤15%，所以农村儿童有可能边工作边按规定上学。调查表明，5~15岁的孩子有7%是边工边读，有2%的孩子完全没有上学。[1] 相反，城市童工的工作则有所不同，他们主要从事的工作是当女佣，卖廉价饰品等，他们通常赚取的钱要比家庭津贴计划中的补助金要多，因此经济原因刺激城市的童工继续赚钱，慢慢退出计划。2010年7月，13000个家庭因为孩子的旷课而失去补助金，几乎一半以上的家庭都来自圣保罗。2007年，根据巴西应用经济研究所发布的家庭调查表明，虽然家庭津贴计划在一定程度上增加了儿童的入学率，但未能充分地消除童工继续增加的可能。因此，巴西政府因出台相应的童工政策辅助家庭津贴计划。

---

[1] 郭存海. 巴西和墨西哥的"有条件现金转移"计划评析[J]. 拉丁美洲研究, 2010, 32（4）：37-42, 80.

第四章

智利的社会救助——智利团结计划

智利位于南美洲大陆西南部，安第斯山脉西麓，西临大西洋，是世界上地形最狭长的国家。智利矿产资源丰富，有"铜矿王国"之称，丰富的矿产储备为智利经济的发展奠定了良好的基础。历史上，智利的经济、政治和文化与欧美国家息息相关，长期作为西班牙的殖民地到受英美帝国主义的影响，经历过一段政治动荡，社会发展不稳定的岁月。在1970年的民主化运动和军事政变后，智利在1990年迎来"还政于民"的浪潮，在近30年中保持了总体局势的稳定，目前确定为受左翼政党控制的总统单一统制，迎来了经济、社会、教育等全方位的高速发展。2012年，智利成为拉丁美洲第一个获得OECD成员国身份，并成为全世界公认具有较高国际竞争力的国家。

智利不仅在经济发展方面成效显著，它的社会保障制度建设和社会政策的设计和完善在南美洲国家独树一帜，并在全世界范围内产生了巨大的示范作用。作为养老金改革的全球先驱，智利于1981年以完全积累型养老金个人账户代替了原来的现收现付制养老金制度，并在2008年建立应对老年贫困风险措施的机制、保障老年人的收入水平与促进消费平滑等制度。在社会救助领域，智利同样具有悠久的传统和高度的政策连贯性，无论民选政府还是军政府都关注智利社会的发展不平衡问题，尤其重视对贫困人口特别是极端贫困人口的社会救助，得到了国家财政的大力支持。在智利的社会救助系统中，于2002年提出的"智利团结计划"（Chile Solidario）最具代表性。该计划是智利各类社会救助政策的发展与延续的集中体现，不仅对社会救助金进行了保障，而且还创造性地将社会组织引入救助体系，注重对贫困人口提供心理支持、劳动技能培训等服务，通过提升贫困人口在劳动力市场中的竞争力激发内生动力，时至今日仍然值得其他国家借鉴和学习。

本章节主要从智利社会救助团结计划的产生与发展、计划的主要内容和评价、计划的特点与成效三方面进行介绍。通过系统阐述智利经济、政治发展，社会保障系统改革的主要背景探析逐渐独立完整的社会救助体系，重点介绍智利团结计划。

第一节　产生与发展

一、智利社会救助基础的初步形成

智利的社会救助发展具有悠久的历史基础。早在20世纪50年代，智利的部分政治精英群体已经对社会分配与收入悬殊导致的贫困问题有了一定的重视。受西方资本主义国家的影响，智利政府注重调节收入分配问题，希望将社会收入差距调整在可控范围内，尽可能地减少贫困人口的激增。1924年，智利制定了第一部社会保障法，该法涵盖了养老、残障和遗属

<<< 第四章 智利的社会救助——智利团结计划

保险以及疾病和生育保险。① 1937年制定了第一部失业保险法、雇员养老金法，并在同年制订了家庭津贴计划。该计划在1953年得到了进一步的完善，使更多劳动者获得了家庭津贴的资格。1960年，智利发生特大地震，随着自然灾害的爆发，健全社会救助制度得到了进一步的重视。

在智利最初形成的社会救助政策中，包括普及教育、落实基本医疗服务、为劳动者提供社会保障以及农业部门的工业化和农业改革。智利政府通过把农业部门的劳动者融入国家经济与社会发展进程中，把城市的边缘部门和群体整合到城市市民的行列中，通过国家干预保护劳动者的就业稳定，并且通过稳定物价的方式对劳动者的基本生活提供保障，对中低收入家庭和贫困者等国家中的困难群体提供较为稳定的社会再分配。在智利社会保障制度形成的奠基阶段，教会在智利公民社会发展进程中发挥着十分重要的作用。与教会相关的慈善组织涉及医疗、教育、儿童关怀、老年人关怀、妇女的社会行为等领域均有良好的发展基础。

1970年，以智利社会党和共产党为主，联合激进党、人民行动运动、社会民主党和独立人民行动共同组成了人民团结阵线，阿连德通过民选当选智利总统。这位左翼总统领导的智利人民团结政府在短暂的执政期间掀起了异常大规模社会改革运动，通过大力推进国有化政策和土地改革、积极发展教育事业等方式对国家进行社会化改造，缓解严重的社会贫困和不公正现象。为获取资金，阿连德积极推进国有化，建设国家干预

---

① 陈培勇. 智利和墨西哥社会保障法比较及其启示[J]. 拉丁美洲研究, 2007 (6): 37-41.

和市场调节将在经济发展中发挥重要作用的新经济体制，建立国营、公私合营和私营三种所有制。① 阿连德积极推进社会公平，弥合悬殊的分配差距，他大幅度地提高智利工人的工资，在他执政第一年治理工人的实际工资增长幅度为34%，工资增长率为12%，并发放各种补贴，改善医疗与妇女保健待遇，降低生活必需品价格等，改善基层群众的多种社会福利，扩大社会保险，增建住宅，降低房租，为工农子女上学提供多种便利。为解决土地矛盾，阿连德推进土地改革，建立国营农场和集体合作社，或直接把土地分给农户以确保土地分配公平。同时，阿连德政府大力推进教育事业发展，在智利国内推动扫盲运动和初等教育的普及，促进智利形成区别于殖民文化的文化体系。在此阶段，工会、协会和社会组织在为其贫困人口造福方面发挥了积极作用。并且，政府和政党在阐明和解决社会需求方面发挥的中心作用，显示了这些机构在设计和执行社会政策方面的重大贡献，体现出政府部门正在解决贫困问题中的重要性。但是随着阿连德社会主义改革的推进，引发了国内右翼力量和美国政府的不满。② 为保障冷战时期的话语权和地缘战略竞争优势，美国对智利阿连德政府发动了大规模干涉活动，随着军事政变的到来，智利进入了军政府独裁时代。

二、皮诺切特与军政府时期

1973年，在智利内外交困的背景下，智利陆军总司令皮

---

① 贺喜. 美国干涉智利阿连德政府的原因分析[J]. 当代世界社会主义问题, 2012 (2): 98-105.
② 贺喜. 冷战时期美国对智利阿连德政府的政策[J]. 国际政治研究, 2012, 33 (2): 143-159, 10.

<<< 第四章 智利的社会救助——智利团结计划

诺切特联合海军、空军和国民警卫队在首都圣地亚哥发动了军事政变，对拉莫内达宫进行轰炸并杀害了总统阿连德。在独掌智利军政大权后，智利国家最高元首皮诺切特彻底摒弃了阿连德政府的经济和社会政策。军政府认为，由于公共资源不足，政府只能救助那些最需要救助的人，即赤贫者，为此开始谋求在社会救助领域推动改革。军政府时期社会政策的主要手段是建立直接补助，向受经济调整影响最重、贫困程度最深、最缺乏资源的人直接提供帮助。因此，中间阶层和相当部分的劳工阶层失去了政府社会政策的保护，很容易受到危机和风险的影响而陷入困境之中。军政府时期社会政策的社会成本是高昂的，主要社会指标均明显恶化，平均失业率超过17%。1989年的平均工资比1970年低8%，家庭补贴低71%，人均公共支出低约22%，最低工资低9%，一些部门失去最低工资制度的保护。[1]

在西方自由主义影响下，为应对长期混乱的社会局面并缓解社会保障压力，智利皮诺切特政府于1981年进行了养老金私有化改革，以完全积累型养老金个人账户代替了原来的现收现付制养老金制度。[2] 这一举措使智利在1980年的拉丁美洲脱颖而出，推动智利经济实现高速增长。智利的养老金改革也被称为"智利模式"吸引发达国家的效仿和学习，一度成为社会保险改革的"世界之窗"。智利的养老金改革要求新加入劳动力市场的劳动者强制参保，而对于已参加原现收现付制的

---

[1] 陈培勇. 智利和墨西哥社会保障法比较及其启示[J]. 拉丁美洲研究，2007（6）：37-41.
[2] 郑秉文，房连泉. 社保改革"智利模式"25年的发展历程回眸[J]. 拉丁美洲研究，2006（5）：3-15, 79.

劳动者和自雇佣劳动者实行自愿参保原则。新制度实现了缴费率从原来的20%降低到10%，但是由雇员全部承担。① 为保障智利养老金改革的正常运转，军政府建立了强制储蓄的个人账户，参加养老保险的个人将缴纳的保险费存入一家自由选择的养老基金管理公司（Pension Fund Administrators，简称AFP），该养老基金管理公司通过设立个人账户，通过实力雄厚的商业银行为养老金投资提供保障。大刀阔斧的改革带来了巨大的制度转轨成本，其中既包括原来现收现付制度中已产生的巨大赤字以及应继续支付的原参保人的养老金，也包括新建立的最低养老金和社会救助养老金的筹资。针对由现收现付制向积累制过渡需要解决的转轨成本支出问题，政府采取了发行"认购债券"的方式予以解决。② 在军政府的强势推进下，养老保险和医疗保险的改革引导智利的社会保险逐渐实现系统整合，原本由国家财政承担的社会保障职能部分被转移到市场和社会。由于强制储蓄制度的安排，国家对保险的调节和再分配作用大大降低，无法发挥现收现付制下的代际转移平衡的功能。③ 因此，政府一方面通过立法完善制度体系，另一方面则将重心转移到社会救助层面，逐步推动了社会救助的系统化与独立性，使其成为一套对贫困人口提供基本生活保障的独立的完整系统，加强了政府通过社会救助为贫困人口提供基本社会保障的责任，避免加剧社会分配差距悬殊造成的不公平。

---

① 大卫·布拉沃，石琤. 智利多层次养老金的改革进程与最新动向[J]. 社会保障评论，2018，2（3）：30-37.
② 陈文辉. 智利养老金制度改革与评价[J]. 保险研究，2006（11）：87-89，79.
③ 赵青. 智利养老金制度再改革：制度内容与效果评价[J]. 拉丁美洲研究，2014，36（3）：62-68.

<<< 第四章 智利的社会救助——智利团结计划

在军政府时期,包括就业、收入分配、贫困化在内的社会问题不断恶化。1969年、1979年和1989年智利贫困人口占到全国总人口的28.5%、36%和41.2%,贫困人口由1970年的178万人增至1987年的549万人,增长了2倍以上。[①] 进一步恶化的收入分配不均衡和贫困问题使军政府不得不提高对社会救助的重视,在此期间,社会救助的功能不断完善,对贫困人口的保障力度不断加强。1980年,智利政府建立了全国福利标准委员会,统一管理所有的社会福利机构,同时负责政府支付的大部分社会福利津贴。在此基础上,智利重视对老年人和青少年儿童福利的保障,完善了养老救济金、统一家庭津贴、失业救助、生活用水补贴、住房补贴等社会救助计划。军政府还将认定获取社会救助资格的CAS-1档案升级为CAS-2档案,建设全国城镇社会救助委员会协调全国各地的联系与各委员之间的行动,为智利社会救助制度的进一步完善奠定了基础。

三、军政府时代的终结与政治民主化的开启

1990年,随着"还政于民"的实现,军政府独裁者皮诺切特转变为终身议员,智利开始了新一轮政治民主化进程。以社会党、基督教民主党和争取民主党为主体的"争取民主联盟"政府在基本延续军政府时期经济政策的同时,对社会政策进行了重大调整。在此阶段,智利社会的公民身份得到彰显,同时也向民权和女权运动提出了新的要求,努力实现社会

[①] 王晓燕. 智利改革重点的转移[J]. 拉丁美洲研究, 2004(3): 33-40, 64.

平等，推进政治和经济权力下放；加强社会对公共事务的参与。因此，消除和减少贫困现象，促进社会公平发展成为新社会政策的基点。

政府减少极端贫困的政策在 20 世纪 90 年代上半期收到明显成效。1990 年，贫困率持续下降。按照智利政府的官方数字，20 世纪 90 年代的前 4 年，穷人在总人口中的比重由 40%下降为 28%，全国有万人脱贫。① 随着多年的持续收入增长，1990—2002 年期间人均国内总产值平均增长率为 4.5%。在 1990—1996 年，智利总贫困指数下降了 15.4%，同一时期的赤贫率减少了一半以上。② 因此，在稳定的收入分配的背景下，经济增长已转化为该国总体贫困发生率的下降（从 33%降至 15%左右），但同期极端贫困（稳定在 5.6%左右）没有太大变化。从总体来看，1990—2009 年，智利人均收入增长了 62%，其中人均资本和劳动所得增长了 59%，而人均货币转移收入则增加了 352%，③ 这说明，智利在加大社会转移支付方面的力度是非常突出的。智利贫富差距悬殊的社会不公现象仍较为突出。按国家贫困线标准，2009 年智利的贫困率为 15.1%，赤贫率为 3.7%，与 1990 年相比分别下降 23.5 个和

---

① 曹淑芹. 智利政府克服贫困的新举措——"智利团结计划"[J]. 拉丁美洲研究, 2005（4）: 42-44, 50.

② FERNANDO H, HOJMAN A, O LARRAÑAGA. Evaluating the Chile Solidario program: results using the Chile Solidario panel and the administrative databases [J]. Estudios De Economia, 2011, 38（1 Year 2011）: 129-168.

③ MIDEPLAN, Encuesta de Caracterización Socioeconómica Nacional (CASEN2009), Ministerio de Planificación, Santiago [R/OL]. (2010-7-13) [2022-11-16] http://www.mideplan.cl/casen/publicaciones/2009/resultados_casen_2009.Pdf.

<<< 第四章 智利的社会救助——智利团结计划

9.3个百分点,20年间共有240万人摆脱贫困。① 在1998—2000年期间,贫困率没有得到进一步的降低。由于完全积累制的养老金的改革,养老保险的社会互济性降低,一定程度上造成社会财富分配的差距加大,使贫困人口处于不利地位。因此,智利政府下定决心根治贫困问题,对1990—2000年的贫困治理政策进行了综合思考,对现存政策的框架进行调整,减少全国极端贫困人口。

在经济发展稳中向好的态势下,智利政府宣布了在2000年消除极端贫困的目标,把预算用于包括教育、医疗、住房和公共工程等社会福利方面,约11.76亿美元作为扶贫基金选择全国最贫困地区进行扶贫实验,帮助发展生产,培训人才,并准备向全国推广。然而,由于受经济增长的制约和贫困现象难以想象的顽固性影响,智利政府在20世纪末消除极端贫困现象的任务没有如期完成。智利政府认真地分析了扶困工作遇到的困难,意识到贫困家庭的贫困不仅表现为收入不足,还表现为缺乏人力资本和社会资本,以及在应付疾病、意外事故、失业等问题时的能力不足。这些家庭要摆脱困境,需要在上述所有的这些方面采取行动。要彻底消除贫困现象,不仅需要国家的支持,也需要提高这些贫困家庭的能力。在这样的背景条件下,智利政府于2002年提出了具有代表性的"智利团结计划"(Chile Solidario),这是一个面向全国二十多万个极端贫困家庭提供的一揽子社会保障的计划。智利团结计划既包括政府层面的直接财政支持,也包含社会层面社会组织的参与对贫

---

① 房连泉. 智利的收入分配与社会政策[J]. 拉丁美洲研究,2012,34(4): 20-25,79.

困人口的救助，还涉及对贫困人口提供技能培训、心理支持等能力提升的帮助，是1990年智利政府消除贫困政策的延续和完善。

第二节 主要内容

一、智利团结计划简介

1990年，伴随智利经济社会的高速发展和社会保障领域取得的巨大成效，智利军政府下定决心解决悬殊的社会分配差距造成的严重贫困问题。在皮诺切特主动推动政治民主化进程后，民选政府对解决贫困问题的决心进行了强化，但未能在20世纪末彻底消除极端贫困现象。因此，民选政府对长期以来的减贫政策和实践进行了总结和完善，并在社会救助系统的独立性不断加强的背景下推出一项全新的社会救助计划，该计划既包含了智利社会长期以来为反贫困做出的努力，又结合了先进的社会救助理念，还充分结合了治理社会的特有背景，成为继养老金改革后智利社会保障领域的又一举世瞩目成就。

2002年5月21日，智利总统里卡多·拉格斯提出了一项反对极端贫困的"智利团结计划"，这是一个面向全国22.5万个最贫困家庭提供一揽子社会保护的计划。该计划预计在2002—2005年的四年时间里，覆盖家庭数量达到21.4万户，到2004年8月31日，覆盖的家庭数量为12.8万户，完成总数量的59.6%，其中聘用的技术和专业"家庭救助人"数量为2410位，他们分布在全国各地，平均每53户家庭配备一位

「家庭救助人」。① 不同于传统的社会救助理念，智利团结计划的设计基于生活在极端贫困中的家庭在经济和社会政策网络中被边缘化的背景，需要专门的支持来促进社会融入和获得机会的理念进行设计与整合，囊括了"提供服务而不是等待需求""构建社会救助网络""以家庭为中心"三个基本要求。"智利团结计划"不仅对贫困人口提供专项的社会救助，更致力于在全社会层面形成将所有智利公民联结在一起的社会保障网络，避免贫困人口因相对剥夺而导致在经济和社会政策网络中被边缘化。该计划考虑了家庭生活的七个方面或支柱：身份确认、健康、教育、家庭动态、住房条件、工作和收入。这七个方面分为 53 个最低生活质量条件，当家庭能够实现所有条件时，被认为已经克服了赤贫状态。2013 年，智利团结计划被证券和机会计划（SSyOO，也称为家庭道德收入）取代，② 但智利团结计划确定的智利社会救助体系框架一直保留了下来，为贫困人口提供教育、就业、养老以及救助金等广泛的救助服务支持。

从总体上看，智利团结计划是对智利各类社会救助项目的整合与完善，是建立在 20 世纪 90 年代智利政府为消除贫困而形成的一系列政策基础上的丰富与发展。其中包括地方政府和非政府组织发起的针对贫困家庭的方案。在这些方案的基础上，桥梁计划旨在为这些家庭提供全面的帮助。该倡议的中心

---

① 曹淑芹. 智利政府克服贫困的新举措——"智利团结计划"[J]. 拉丁美洲研究，2005（4）：42-44, 50.
② Base de Datos de Programas de Protección social no Contributiva, Chile Solidario [R/OL]. (2002-2017) [2022-10-01], https://dds.cepal.org/bpsnc/programa? id=11.

是家庭支持专业人员，他们将帮助参与者加入社交网络，并在教育、健康和家庭动态方面实现一系列的最低生活条件，最终实现赤贫家庭的社会融合、为面临不利条件的家庭提供服务以及帮助生活在极端贫困中的家庭获得政府社交网络的反贫困系统，通过社会资本、社会网络和危机干预几方面实现贫困人口的短期脱困和长期发展。

二、智利团结计划受救助对象的资格认定

智利团结计划是一项有条件的现金转移计划，目前采用的目标定位工具为社会保护记录（Fichade Protección Social，FPS）。智利团结计划的受助对象资格认定系统是一套家庭积分的记录体系，它将基于申请人各方面的条件评级积分累计起来，用以确定受益资格。FPS 的前身为 20 世纪 80 年代采用的 CAS 家计调查表，该调查表调查范围主要是对家庭社会经济状况的评估，包括居住、耐用品、户主受教育程度、就业情况等因素。1970 年，智利各地纷纷成立城镇社会救助委员会（CAS），并于 1980 年开始为社会救助计划的申请者建立档案，称作 CAS-1 档案。由于各地实际情况以及贫困人口的困难程度和需求不同，很多社会救助的措施未能落到实处。而且由于地方政府的消极工作态度和贫困人口缺乏对政策的了解等因素，导致救助金的发放缺乏有效性，大量赤贫人口被忽略。为了使政府社会救助计划的补贴得到更合理公平的使用，并使最亟须救助的社会群体优先得到救助，智利于 1987 年在 CAS-1 开展家计调查经验的基础上建立了 CAS-2 档案，在包括住房、教育、职业和收入四个方面的 13 个指标对贫困人口进行评分，依托新的调查方法和信息收集模式对申请政府社会救助计划的

人进行了资格认定,并统一通过计算机系统进行管理。不同于 CAS-1 档案归属与不同地方的职能部门管辖造成条块分割、地方和区域之间的信息无法相互流通的状态,智利政府加强了全国的社区社会救助委员会的联系,推动各地方与职能部门之间开展协调行动,将社会救助工作开展的层次从地方自助提升到全国统筹。为了加强全国的社区社会救助委员会的联系和协调行动,更有效地使用 CAS-2 档案并完善和加强管理工作,智利政府于 1990 年计划与合作部和内务部共同建立全国城镇社会救助委员会,并在 20 世纪末将该制度普及全国[①]。FPS 系统保留了 CAS 调查表的部分内容,但将居住条件和耐用消费品等调查变量排除,更强调对家庭长期内收入能力的评估,将待遇资格与受益人的个人努力挂钩,以激励受益人提高收入,摆脱贫困处境。

三、桥梁计划与推动贫困人口脱困能力提升

桥梁(Puente)计划是由"团结和社会投资基金"(FOSIS)策划的关于社会救助和社会发展的综合性计划,该计划在 2001 年制订,于 2002—2005 年全面推向全国。该计划旨在提高贫困人口重返正常社会生产生活的能力,实现贫困人口主动脱困和社会高质量发展。起初,该计划并未得到智利财政部门的支持,但在政策法制化的过程中,在妇女发展部部长的直接干预下,才为在 57 个城市为 14000 个家庭实施的试点

---

① 李曜,史丹丹. 智利社会保障制度 [M]. 上海:上海人民出版社,2009:240.

方案提供了资金。① "Puente" 在西班牙语中翻译为"桥梁"，正如该计划的核心主旨，智利政府希望在贫困人口与政府和社会之间搭建一座桥梁，促进社会各主体与贫困人口的沟通交流，实现社会力量对社会救助工作的关注。该计划不仅包括为贫困人口提供职业技能培训等适应劳动力市场竞争的能力提升内容，也包含通过专业技术人员对贫困人口提供心理疏导服务和心理支持的救助内容，是一项综合性的社会发展工程。

2001年，智利政府推动该计划在四个州级行政区进行试点，一年后推广到全国，该方案随后发展成为该国社会保护制度的组成部分。尽管主要目标是减轻极端贫困，但随着时间的推移，它增加了一个补充性的社会保护重点，目的是保护家庭在面临无保险风险时不会重新陷入贫困。贫困家庭在参加Puente计划时每月会收到一笔按比例分配的款项。

在智利团结计划中，桥梁计划的内涵与核心成为其主要服务救助理念的组成部分，是智利社会保障系统发挥作用的关键。在智利团结计划中，智利政府通过专业技术人员和社会工作者为贫困人口提供一系列干预措施，支持贫困人口摆脱贫困。首先，在接受智利团结计划救助的前24个月中，家庭救助人会通过一小时家访向家庭成员提供心理支持，帮助他们克服阻碍他们充分利用社会服务和补贴的障碍。其次，通过专业技能培训和就业指导提高贫困人口在劳动力市场中的工作能力，并为贫困家庭成员提供健康、教育、助老助残、预防犯罪

---

① LARRANAGA O, CONTRERAS D, RUIZ-TAGLE J. Impact Evaluation of Chile Solidario: Lessons and Policy Recommendations [J]. Journal of Latin American Studies, 2012, 44 (pt. 2): 347-372.

<<< 第四章 智利的社会救助——智利团结计划

和解毒等多项服务。

四、救助金提供与现金补贴

相对于通过社会资本的提升和社会网络构建以期长期提升贫困人口的能力，智利团结计划还为贫困人口提供救助金和现金补贴对其进行直接危机干预，帮助其尽快脱离赤贫状态。智利财政面向智利团结计划覆盖的每个贫困家庭提供救助金，这些救助金仅面向家庭中的女性家长发放，在这些家庭参加智利团结计划的 24 个月期限内，这笔资金将以递减的方式支付（"Bono de Protection"）：即最初六个月每月 1.05 万比索，第二期的六个月每月 8000 比索，第三期的六个月每月 5500 比索，最后六个月每月 3500 比索。[①] 在领取救助金后，专业工作人员会对其家庭条件进行评估，并判断在领取救助金的 24 个月后其贫困状况是否得到改善。若判断为得到明显改善且能够参与社会生产生活，则会继续为该家庭提供为期三年的救助金，维护脱贫成果，继续支撑其提升参与劳动力市场的竞争力。若判断没有得到明显改善，且没有完成协议约定内容，智利政府同样会为其提供家庭救助金，并且该家庭救助金可重复申请，这导致该政策执行过程中脱贫标准的灵活变化和救助金的流失。

除了救助金之外，智利团结计划的参与者还可以有保障地获得政府补贴。包括未成年人家庭补贴（SUF）、老年人和残疾人以及精神残疾者养恤金援助方案的补贴（PASIS），旨在

[①] Gob. cl. Chile Solidario：Preguntas Frecuentes [R/OL]. [2022-10-05]. http://www.chitesolidario.gov.cl.

使年轻人继续上高中的助学补贴,以及饮用水补贴(每月最多支付 15 立方米的受援者水费)。最后,家庭在参加桥梁计划时每月收到一笔按比例分配的款项。这笔款项是支付给女户主或男户主的女性伴侣的,平均价值 20 美元。在退出桥梁计划后,每月向每个家庭提供 8 美元的干预后转移资金,为期 36 个月。现金转移的目的是支付与家庭利用社会服务网络相关参与社会生产生活的交易成本。与拉丁美洲其他地方的治理贫困方案中使用的付款相比,智利现金转移额较低,更加重视对贫困人口的服务。到 2005 年 12 月,智利团结计划内的二十多万个家庭将完全被上述保障性的现金补贴所覆盖。①

五、贫困人口优先进入

为推动贫困人口尽快脱贫,智利团结计划提出"贫困人口优先进入"理念,使受到智利团结计划提供救助的贫困人口优先获得社会服务。为了确保优先获得服务,智利合作和计划部(MIDEPLAN)与许多公共服务机构签订了援助协议,为智利团结计划登记的贫困家庭提供了服务。此类公共服务囊括社会生产生活的各个方面,旨在降低贫困人口的生活成本,为贫困人口主动提高摆脱现实困境的能力奠定基础:

---

① 李曜,史丹丹.智利社会保障制度 [M].上海:上海人民出版社,2009:245.

表 4-1 智利团结计划"贫困人口优先进入"的主要内容

类别	内容
身份证明免费	参与者部分免除获得身份证件的费用,并完全免除获得兵役证书和犯罪记录证书的费用
健康补助	参与者保证能够获得健康计划,在诊所对抑郁症进行全面诊断和治疗,优先获得牙科计划和老年人的医疗保健,心理健康服务,儿童口腔健康服务以及吸毒预防和康复;向残疾人提供技术支持
教育补贴	参与者可以优先获得儿童保育、学前班和延长上学日,以及在学校系统内提供额外帮助和服务的计划
家庭援助	参与者可以优先获得社会发展方案以及侧重于家庭暴力和加强高危儿童与其父母之间联系的服务
住房补贴	参与者可以优先获得住房和社会发展服务,信息服务和土地所有权证书
就业和收入	参与者可以优先参加劳工复员援助和就业方案、对经济活动的支助、家庭佣工培训方案和地方农业发展计划

资料来源:智利团结计划研究报告[1]

综上所述,智利团结计划既会为贫困家庭提供现金补贴,也会为贫困家庭通过桥梁计划提供心理支持,以"重返社会"为目标使贫困家庭自助参与公共社会网络,并使贫困家庭优先

---

[1] HELEN S. Chile Solidario:Toward an Integrated Approach to the Delivery of Social Protection [R/OL]. [2022-10-5]. https://better-carenetwork. org/sites/default/files/attachments/Chile%20Solidario%20-%20Toward%20An%20Integrative%20Approach%20to%20the%20Delivery%20of%20Social%20Protection.pdf.

得到社会促进方案的机会，保障贫困家庭在身份、健康、教育、家庭生活、住房、工作和收入这七个方面的最低生活质量。这个计划会在贫困家庭的生活中不断退出，一旦心理社会支持结束，家庭就会完全脱离桥梁计划，并继续受到智利团结组织的保护。当满足以下两种条件，贫困家庭会推出桥梁计划：所有 53 项界定的最低条件均已符合时，成功退出；到达约定期限，仍有一个或多个最低条件仍未得到满足或待满足，解除家庭救助人提供救助的义务。在这两种情况下，贫困家庭仍将获得为期 3 年的救助金。

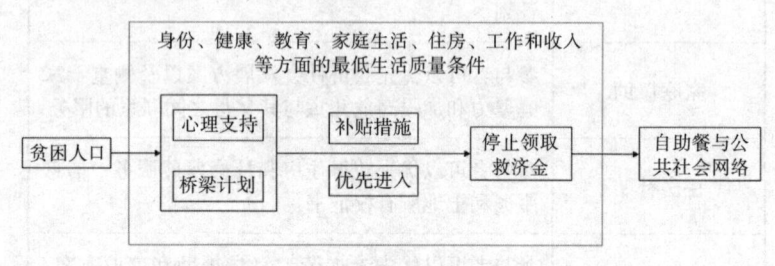

图 4-1　智利团结计划的组成部分与运行机制

资料来源：MIDEPLA. Encuesta de Caracterización Socioeconómica Nacional（CASEN2009），Ministerio de Planificación，Santiago ［EB/OL］. http://www.mideplan.cl/casen/publicaciones/2009/resultados_ casen_ 2009. Pdf.

第三节　特点与效果

作为拉丁美洲国家社会保障制度改革与发展的先驱，智利的大胆调整与灵活创新使其获得了举世瞩目的成就。智利团结计划对智利社会长期以来的问题和社会保障政策进行了同步整合，在既有政策的基础上链接了社会资源，充分发挥了智利团结计划对贫困人口的兜底保障作用。体现了智利中左倾向的争取民主联盟政府的执政理念，对于维护政府的执政基础、维系社会稳定、促进社会和谐具有积极意义。

一、智利团结计划的特点

智利团结计划是智利漫长反贫困道路中不断探索的结晶，是基于智利社会长期发展中社会救助政策的系统化发展。总体来看，智利团结计划的突出特点包括四个方面：第一，政府转变服务观念，发现贫困人口并主动提供服务。第二，整合各地信息收集系统，利用全国信息网络开展救助服务。第三，强调提升个人和家庭的能力，将多种救助方式结合。第四，非政府组织大量参与，引导社会力量投入社会救助中。智利团结计划充分整合了社会资金，构建了一个具备完善兜底保障功能的社会网络，对贫困人口和家庭主动进行干预救助。

（一）转变服务观念，主动发现被忽视的边缘化群体

从智利团结计划的制订和发展层面来看，智利政府清晰地认识到贫困人口对既有的社会政策并不了解，他们无法主动参与到社会救助中来，导致了贫困人口在社会保障网络中不断被忽视，最终成为智利社会中的边缘群体。因此，智利政府认识到需要转变服务观念，进一步做好救助对象认定工作，通过主动发现，积极将贫困人口吸纳到社会救助计划中并为其提供服务。从整体来看，智利团结计划不仅是对贫困人口提供现金补贴和支持，而且更是对减少社会排斥和社会剥夺的努力，通过政府与社会力量形成的团结组织真正把贫困人口吸纳进"团

结阵线",通过主动引导和社会服务提升贫困人口的社会参与能力,使贫困人口参与到社会生产生活中。在这样的基础认知下,智利政府社会救助政策更重视贫困家庭的参与,更强调政府各级机构的协调,更重视各地方政府和地方组织的作用,更强调创新,因而也更加切合实际。此外,智利政府重视社会组织在社会救助领域的参与,为社会组织的发展提供了良好的土壤和环境,积极推动社会组织行使服务救助职能,为贫困人口提供专业的社会服务。由此,智利政府将政府资源和社会资源进行了有效整合,不仅减少了政府财政支出的负担,还增加了社会各层级的相互联系,使智利团结计划真正做到了将原本分层明显、流动滞涩的智利社会整体团结到一起,增加了整个社会开展社会救助工作的合力,持续提升了治理团结计划的开展成效。

（二）注重政策延续,整合全国信息网络

智利社会救助的发展始终存在整体化和系统化的趋势。长期以来,智利在老年保障、儿童福利、工人保障等领域均做出了长期的探索,形成了具有基于智利环境条件的社会救助经验。但是,这些社会救助领域的探索与政策呈现出明显的地方化与碎片化倾向,职能部门条块分割的问题明显,无法形成政策与资源整合,社会救助的整体化和系统化进程缓慢。基于对社会救助建设基础的认知,智利政府认为相互独立的职能部门提出的仅针对某一方面的社会救助政策不适合面对极端贫困人口的多重和相互关联的物质、心理和情感方面的相对剥夺。随着经济社会发展成效的稳步提升,智利政府于1980年成立全国福利标准委员会,负责统一管理所有的社会福利机构和政府支付的大部分社会福利津贴。同时智利政府还通过附属于社会保障部和其他有关政府部门的各种基金和机构划拨专项资金用于多种社会计划，为开展社会救助工作提供了稳定的财政支持，对亟待帮助的极端困难人口提供社会救助。智利政府致力于整合部门职能，提升救助效率，使各个职能部门在全国福利标准委员会的管理下相互协调，共享信息数据，完成社会救助的职责。在社会救助制度建设层面，智利政府保证了不同计划之间的协调，逐渐形成一个独立且系统的社会救助网络。同时，智利政府充分运用社会救助的实践成果，在对象认定和管理方面对既有政策进行整合和升级。例如，在对象认定方面，将 CAS-1 方法升级为 CAS-2 方法以及 FPS 方法，并推动到全国层面形成国家信息管理网络。作为智利团结计划的关键环节，智利设置 FOSIS 团结和社会投资基金为整体计划的实施提供资金基础，并结合了 1990 年的社会救助理念持续巩固脱贫成果，具有明显的制度系统性和政策连续性，使致力团结计划的效能得到最大限度的提升。

（三）注重提升能力，运用多种救助方式

相对于传统社会救助提供的现金或实物救助，智利团结计划侧重于减少对社会底层贫困人口的社会剥夺，力求通过服务救助和救助金的结合的方式实现贫困人口脱困能力的提高，尤其要注重加强贫困人口在劳动力市场中的竞争力，在重塑回归社会能力的同时增加社会对贫困人口的包容度，实现社会救助的短期效益和长期效益的结合。通过多种社会救助方式的灵活运用，结合实践经验的吸收与反馈，智利团结计划最终同时包括直接救助和技术支持两方面内容，力求通过在救助金兜底的同时强化贫困人口的能力，长远且持久地解决智利社会的贫困问题。智利团结计划为贫困人口提供了家庭救济金、保障性现金补贴等短期或长期的支持，以及"贫困家庭优先进入"的社会层面整体帮扶，从渐进的方式持续提高贫困家庭的各项能力。在智利团结计划长期的实施和发展中，政府与社会组织一同为困难群众提供了更加丰富的能力培训，避免其因长期从事某一具体工作导致劳动技能匮乏，通过激发贫困人口内在动能实现社会救助的"造血"功能，同时对极端贫困的赤贫人口一次性提供足以使其摆脱危险状态的社会救助金，更加注重智利各级政府以及职能机构的沟通和交流，使贫困人口的教育、医疗、住房、就业、养老等方面均能得到相应的救助，促进了智利社会发展的协调和稳定。值得一提的是，智利团结计划还注重对广大贫困人口提供心理支持，雇用专业技术人员长期护理，增进社会边缘人口重返社会生产生活的信心，并为贫困人口设计独特的救助方案，确保贫困人口不会重新陷入困境。

（四）加强社会参与，政府与社会组织共同提供救助服务

从制度设计层面来看，智利团结计划是政府与非政府组织共同努力的结果。在政府层面，通过对财政实际情况、社会救助发展实践经验以及社会救助相关学术理论的参考和评估，制定了智利团结计划的基本方针和实施原则。在治理团结计划不断完善丰富的过程中，非政府组织和企业等力量在实际参与过程中不断总结反馈相关经验，丰富与完善了治理团结计划的资金筹集、对象确定、服务供给和反馈评估等多个层面。智利团结计划通过当地社会工作者的外展活动，向参与家庭提供为期两年的心理社会救助。社会工作者具有双重作用，一方面能帮助家庭建立或恢复其基本能力和功能，另一方面能帮助他们建立联系并"连接"到当地的社会服务网络，通过家庭、社区、社会组织等构建起社会保障的网络，使贫困人口重新适应社会

工作与生活。智利团结计划在实施过程中也非常注重协调各参与者之间的关系，通过情感纽带和依赖关系增进社会各主体之间的了解与团结。智利政府成立了专门的计划与合作部，主要负责智利团结计划的具体执行，并直接向总统汇报智利团结计划的实施效果。智利团结计划的实施由执行秘书会同政府机构的专家负责并全程跟进。计划与合作部在每个大区至少分派一名专家协调和监督智利团结计划的执行，并同该大区的地方政府部门及一些非政府组织保持密切联系。由此，智利团结计划形成了政府—社会组织—贫困人口的社会救助纽带，社会力量在政府的统一管理下，有序进入贫困人口的生活中，为其提供物质与能力层面的救助，形成了社会救助领域政社合作的典范。

二、智利团结计划的成效与问题

作为拉美地区有条件现金转移社会救助计划的代表，智利团结计划开创性地探索通过提升贫困人口能力的方式开展反贫困运动，不但强调了政府部门对于保障贫困人口基本生活的作用，还积极吸纳家庭救助人、社会组织等社会力量的参与，通过中间人连接社会资源，全面解决困扰智利经济社会发展的贫困问题。但是，智利团结计划在取得重要成就的同时也暴露出一些问题，为后续智利调整社会保障制度以及进行税制改革提供了参考经验。

（一）智利团结计划取得的成效

政府大力投入，脱贫效果明显。智利团结计划于2002年出台，是为了解决自1990年以来虽成效显著但贫困率没有进一步下降问题的系统社会救助制度。作为具有重大意义的社会救助制度，智利政府进行了大规模的财政拨款，团结基金增长强劲，从2002年的约500万美元增长到2007年的1.4亿多美元，使用的总资源约相当于当年国内生产总值的0.1%。① 随着社会保障制度的不断完善，智利人均生产总值总体上呈持续上升趋势，从2002年的10362美元增长到2021年的28415美元，增长幅度达到174.2%，使智利成为第一个被纳入OECD国家的拉丁美洲国家，成为拉丁美洲的窗口国家。② 在智利团结计划实施的七年中，2009年智利的贫困率为17.8%，2017年贫困率达到16.5%，其中2015年贫困率达到最低的16.1%，已经达到发达国家标准。③ 从智利团结计划出台至今，智利的赤贫率显著下降，从2000年的5.8%下降到2020年的0.7%，2017年的赤贫率达到0.3%，为智利历史最低值。④ 智利团结计划实行到2010年，已经覆盖家庭数量达33万户，占全国人口的7%，远远超过了计划伊始预计的22.5万户，赤贫人口覆盖率大于100%。从2005年到2022年，智利的就业率从54.4%增长至62.2%，体现出智利团结计划在培育贫困人口参

---

① FERNANDO H, HOJMAN A, O LARRAÑAGA. Evaluating the Chile Solidario program: results using the Chile Solidario panel and the administrative databases [J]. Estudios De Economia, 2011, 38 (1 Year 2011): 129-168.
② OECD DATA, Gross Domestic Product (GDP) [DB/OL]. [2022-10-07]. https://data.oecd.org/gdp/gross-domestic-product-gdp.htm.
③ OECD DATA, Poverty Rate [DB/OL]. [2022-10-07]. https://data.oecd.org/inequality/poverty-rate.htm.
④ THE WORLD BANK DATA, Poverty Headcount Ratio at $2.15 a Day (2017 PPP) (% of population) -Chile [DB/OL]. [2022-10-05]. https://data.worldbank.org.cn/indicator/SI.POV.DDAY?locations=CL.

<<< 第四章 智利的社会救助——智利团结计划

与劳动力市场方面的努力与成效[1]。在智利团结计划初步建立并实施的时代，更多的年轻人普遍接受了教育，在2020年25~34岁年龄段中受到高等教育的人数占比达到40.5%，人口素质得到明显提升[2]。

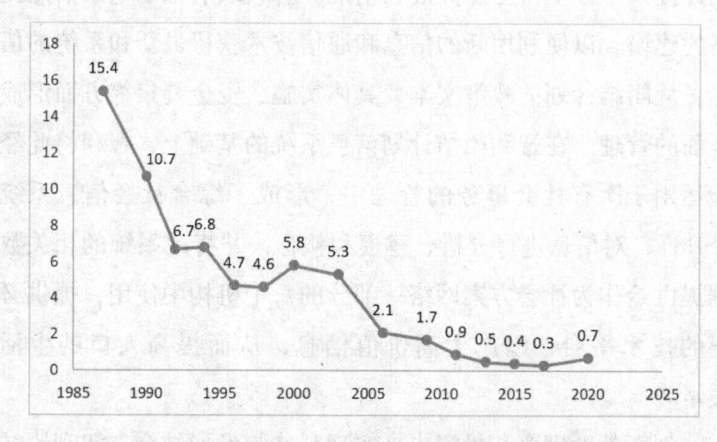

图4-2 1987—2020年智利赤贫率（%）

资料来源：世界银行［DB/OL］https：//data.worldbank.org.cn/indicator/SI.POV.DDAY? locations=CL[3]

整合信息平台，推进社会救助工作协同开展。为实现高效管理和国家协同，智利团结计划开发了一个信息系统，侧重全面统领并监督计划的实施与开展，推动治理社会救助的系统化

---

[1] OECD DATA, Employment Rate ［DB/OL］. ［2022-10-03］. https：//data.oecd.org/emp/employment-rate.htm.

[2] OECD DATA, Population with tertiary Education ［DB/OL］. ［2022-10-07］. https：//data.oecd.org/eduatt/population-with-tertiary-education.htm#indicator-chart.

[3] THE WORLD BANK DATA, Poverty Headcount Ratio at ＄2.15 a day (2017 PPP) (% of population) -Chile ［DB/OL］. ［2022-10-1］ https：//data.worldbank.org.cn/indicator/SI.POV.DDAY? locations=CL.

和专门化。家庭在心理社会支持中具有重要作用,通过信息整合,桥梁计划能够进一步促进专业人员为有需要的家庭提供专业的心理支持服务,同时使得专业服务人员在长期伴随贫困家庭并提供干预变得更加高效和精准。智利政府推动电子信息网络的建设,以便利用新的信息和通信技术获得最新和系统的信息,从团结计划的政策文本、具体实施、资金筹集等方面形成全面的管理。在智利团结计划信息系统的基础上,智利将此经验运用于所有社会事务的管理中,形成了综合社会信息系统(SIIS),对信息进行分析、建模和整合,并将此系统的相关数据提供给作为社会方案网络一部分的每个机构中使用,提供必要的技术平台,以产生高价值信息,从而提高人口的生活质量。

创新救助理念,投资未来实现脱贫与发展结合。智利团结计划不仅通过救助金为贫困人口兜底保障,还充分运用社会资本,将妇女权利、儿童福利与贫困人口劳动力市场竞争力的提升相结合,从家庭与现有福利与社会网络的融入、受教育程度与健康水平的提升、桥梁计划对贫困人口观念的改变三个层次实现了对未来脱贫事业和经济发展的积极影响,为贫困人口的长期发展提供一个稳定的社会环境和有力的能力支持体系。通过"贫困家庭优先进入",贫困人口能够优先获得各种优惠政策、技能培训以及劳动力市场的职位,长期内极大地降低了智利社会的贫困率,同时促进了智利经济进一步发展。此外,智利团结计划格外重视儿童入学接受教育的情况,并将此作为贫困家庭享受社会救助政策的必要条件。在连续的心理支持和干预下,贫困家庭认识到儿童在学龄前入学接受教育对其认知和行为发展的重要性,从根本上对贫困的代际传播进行了有效的

<<< 第四章 智利的社会救助——智利团结计划

预防，同时进一步健全了学校尤其是农村地区学校为贫困家庭的儿童提供学习材料、膳食以及其他护理方面的保障。上述措施体现智利团结计划不仅重视短期的脱贫成效，更重视对未来经济社会发展的投资。

（二）智利团结计划所暴露出的问题

制度设计与现实情况有所出入，无法为贫困人口提供更加细致的支持。在智利团结计划的实施过程中，家庭救助人员在发展赤贫家庭的心理社会能力方面发挥了重要作用。虽然通过心理疏导和技能培训等方面显著改善了治理社会的贫困问题，但是对于极端贫困家庭而言并没有显著地在就业和收入方面得到显著的改善。作为支撑社会救助开展的关键，智利团结计划中直接为贫困人口提供心理疏导等救助服务的专业家庭救助人压力较大。有资料表明，计划覆盖目标是在 2002—2005 年期间纳入该系统的 214518 户家庭。2004 年 8 月 31 日可获得的信息是，已经联系了总数中的 128007 户，相当于 59.6%。同一天之内，全国共有 2410 名家庭支助人员，每个人的工作量约为 53 个家庭。[1] 如此巨大的工作量一定程度上弱化了智利团结计划的实际执行效果，使更多的贫困家庭对救助金产生了依赖。而在智利团结计划的实际实施过程中，对贫困人口提出申请救助金的标准并没有一个明确的界限，在执行过程中经常发生标准变化的现象，降低了社会救助金的使用效率。虽然智利的社会救助政策不断整合更新，但依托智利团结计划建立起来的总体结构仍未进行大规模变动。同时，智利团结计划在最初

---

[1] Estadísticas Publicadas en la Página Web Programa Puente, Actualizadas al 31 de Agosto de 2004 [R/OL]. [2022-07-07]. www.chilesolidario.gov.cl/publico/estadisticas.php.

的执行过程中并没有充分考察现实情况。从就业和住房方面来看，智利团结计划的目的只是为贫困家庭提供更多进入就业和住房社会计划的渠道。在计划的最初构想中，虽然培训、就业与住房是家庭生活得到改善的关键问题，但并没有将其纳入其中。①

职能部门间关系紧张，政策实施效果存在差异。从代表社会公平的基尼系数进行参考，虽然智利从2000年的0.53降低到0.46上下，但近年来未能获得持续的提升，侧面说明了智利团结计划及其发展的后续问题②。从微观角度来看，上述问题体现了智利团结计划中专业家庭救助人员仍需要更加直接且有效的手段提高贫困家庭的就业能力，通过设计详细的能力提升方案和直接提供就业机会等方式在短期内向极端贫困家庭提供稳定的收入，减少贫困人口对救助金和各种补贴的依赖，获得真正意义上融入社会生产生活的能力，在经济上独立自主。从智利团结计划出台的公共政策维度来看，设计和执行智利团结计划的过程引发了部门间和部门内的紧张关系，以及中央政府合作和计划部（MIDEPLAN）和地方政府（各州政府、市政府）之间的矛盾冲突。这些问题，部分源于组织之间的文化差异，也源于机构之间和个人之间的权力斗争——行政区划间的权力冲突、资源纠纷、个人领导权之争、地方政府试图将该计划用于政治目的，将治理智利社会贫困问题的智利团结计

---

① 郑皓瑜. 拉美国家扶贫政策研究——有条件现金转移支付计划 [M]. 北京：对外经济贸易大学出版社，2013：194.

② THE WORLD BANK DATA, Gini index-Chile [DB/OL]. [2022-7-7]. https://data.worldbank.org.cn/indicator/SI.POV.GINI?end=2020&locations=CL&name_desc=false&start=1987&view=chart.

第四章 智利的社会救助——智利团结计划

划用于政绩目标，一定程度上歪曲了该计划的应用与实施。面对智利国内经济发展不平衡，各州之间贫困情况差距较大的客观现实，需要有经验的政策经理人协调各项矛盾，推动有条件的现金转移，力求此类具有转型意义的社会救助政策实施。图4-3 清晰地展示了智利各区域之间的发展不平等以及社会救助开展的困难程度。

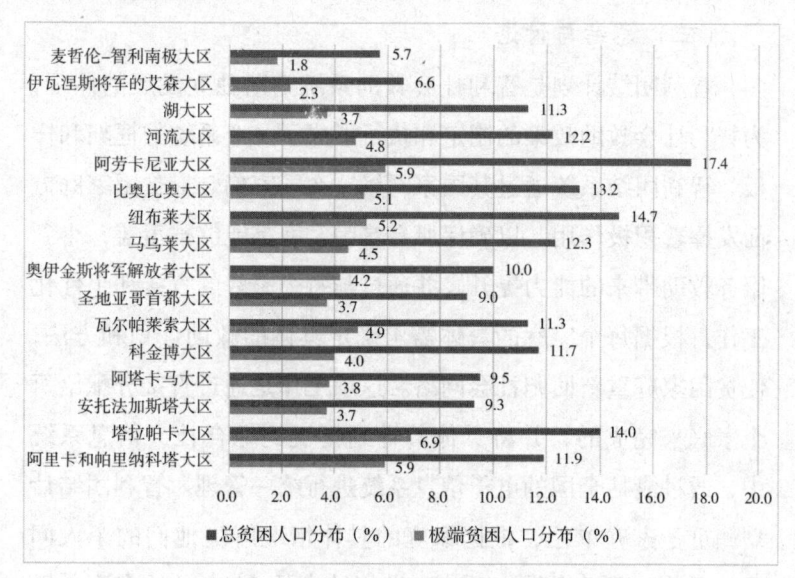

地区	极端贫困人口分布（%）	总贫困人口分布（%）
麦哲伦-智利南极大区	1.8	5.7
伊瓦涅斯将军的艾森大区	2.3	6.6
湖大区	3.7	11.3
河流大区	4.8	12.2
阿劳卡尼亚大区	5.9	17.4
比奥比奥大区	5.1	13.2
纽布莱大区	5.2	14.7
马乌莱大区	4.5	12.3
奥伊金斯将军解放者大区	4.2	10.0
圣地亚哥首都大区	3.7	9.0
瓦尔帕莱索大区	4.9	11.3
科金博大区	4.0	11.7
阿塔卡马大区	3.8	9.5
安托法加斯塔大区	3.7	9.3
塔拉帕卡大区	6.9	14.0
阿里卡和帕里纳科塔大区	5.9	11.9

图4-3　2020年智利各地区贫困人口分布情况

资料来源：智利政府网 .2020 年智利各地区贫困人口分布情况 [EB/OL] (2021-7-2) [2022-5-22] https：//datasocial. ministeriodesarrollosocial. gob. cl/portalDataSocial/catalogoDimension/47.

瞄准机制存在一定的缺陷，贫困边缘人口存在被忽略的现象。智利团结计划将 CAS-1 升级为 CAS-2 对贫困人口设置响应指标进行量化定位。贫困家庭的信息登记在 CAS-2 卡片上，这些信息成为他们是否能够进入智利团结计划享受社会救助政策的关键。这种依托量化指标的贫困人口瞄准机制存在忽略贫困边缘人口的可能,部分贫困边缘家庭与社会救助政策失之交臂,成为被智利团结计划忽略的新贫困人口。为享受智利团结计划的救助措施,贫困边缘家庭以获得公共援助和救济金为目标选择消极等待,部分贫困家庭产生福利依赖问题在已经脱离救助政策后仍向政府申请救助金资格。

(三) 总结与讨论

智利团结计划是智利社会救助系统不断独立发展的体现,为智利社会救助政策的制定和执行形成了一个系统的框架和样板。智利团结系统通过其国家网络,在国家确定最贫困家庭方面发挥着积极作用,以确保所有贫困家庭都能够被覆盖,得到服务救助带来的能力提升,并通过与每个家庭的直接和个性化工作,根据每个家庭的具体需求确定具体的救助计划和方法,使贫困家庭重新回归社会网络。这项工作是通过直接分配给每个家庭来完成的,并将具体的计划提交到综合社会信息系统中,通过囊括全国的电子信息系统进行统一管理。智利团结计划侧重于家庭单位,根据家庭的具体情况解决他们的个人问题。因此,通过提供与服务递送相结合的 24 个月的家庭救助金,并根据每个家庭的具体特征和需求签订特定的家庭合同,确保贫困家庭的救助工作依托于现有的社会网络,不落下任何一个人。智利团结系统将服务整合到一个连贯和协调的系统中,有一个单一的体制框架,这使得有可能提高其有效性。为此,旨在支持赤贫家庭的责任和资源集中在智利合作和计划部(MIDEPLAN)负责为政府的社会保护网络提供充足的保障性资源,通过财政支持保障计划实施。智利团结计划以协调一致的方式并根据每个家庭群体的要求,整合各类援助和促进干预

<<< 第四章 智利的社会救助——智利团结计划

措施，解决每个家庭中赤贫的不同层面，这不仅是一项短期脱困工程，而且是促进整个智利社会能力提升的长期工程。每个纳入智利团结计划家庭签署的家庭救助合同是计划实施的关键，若贫困家庭未能依照兑现合同要求或主动退出智利团结计划，则会为其提供一笔为期三年的救助金。

毫无疑问，智利团结计划使社会的大规模减贫运动取得了举世瞩目的成就，在拉丁美洲国家中名列前茅。智利团结计划同样为智利后续的一系列社会救助和社会服务政策的出台和系统的完善奠定了重要的基础，其主要理念和内容至今仍在沿用和发展。目前，智利的社会救助项目贯穿了童年、青年、成年以及老年的全生命周期，贫困家庭、生活无着的流浪人员、残疾人以及少数族裔等特殊困难群体，组成了一个独立且完善的社会救助系统。智利团结计划在全社会范围内建立了一个超越家庭的关系网络，使全社会对贫困人口形成了强有力的支持结构，帮助贫困人口建立了更积极的公民身份，以更加积极的社会救助措施帮助贫困人口摆脱贫困，促进社会整体发展。面对新冠疫情，智利的社会脆弱性再度得到体现，大量女性被挤出劳动力市场。① 近年来，智利不断上调税基，税收分别接近拉丁美洲和经合组织的28%和34%的平均水平②，将社会救助的目光聚焦妇女和灵活就业群体，为保障此类脆弱群体的福利进行探索。

---

① THE WORLD BANK, The World Bank In Chile [DB/OL]. [2022-6-12]. https://www.worldbank.org/en/country/chile/overview#1.
② OECD. ORG, Chile: Improve Productivity, Social Protection and Boost Revenues for a Sustainable Recovery [R/OL]. [2022-6-12]. https://www.oecd.org/chile/chile-improve-productivity-social-protection-and-boost-revenues-for-a-sustainable-recovery.htm.

第五章

拉美国家社会救助的综合评价

拉美国家具有代表性的"有条件现金转移支付计划"在减少贫困、打破贫困代际传递和提高人力资本等方面卓有成效，参与该计划的家庭领取现金补贴需要满足一定的条件，所以也被视为一种"以金钱换行动"的减贫战略。从墨西哥1997年首次引入有条件现金转移支付计划（机会计划）以来，经过20多年迅速发展，2016年，全球已经有63个中低收入国家至少有一个有条件现金援助计划。[①] 以墨西哥机会计划、巴西家庭津贴计划和智利团结计划为代表，有条件现金转移支付计划在项目设置上存在共性与差异，同时也为各国社会救助项目的设置提供了经验与教训。

---

① BERGSTROM K, DODDS W. The targeting benefit of conditional cash transfers [R]. Policy research working paper No. 9101, World Bank, Washington, DC, 2020.

<<< 第五章 拉美国家社会救助的综合评价

第一节 共性与差异

（一）共性

1. 设置限定性条件为救助前提

"有条件现金转移支付计划"是拉美各国"新一代"发展计划的一部分，旨在促进贫困对象的人力资本积累，以此打破贫困的代际循环。① 以拉美国家为代表的发展中国家，由于贫困问题突出、财政支持有限，同时因为困难家庭不具有充分的机会参与和享受公共服务的条件，缺乏主动脱贫脱困意识，存在教育和健康领域人力资本的严重缺失。面对这种情况，部分拉美国家创新探索了一种新型的减贫策略，即"有条件现金转移支付计划"，以达到持续减贫的目标。"有条件现金转移支付计划"，顾名思义就是，设置限定性条件是家庭领取救助金的前提，通过设置家庭救助金的领取条件，引导贫困家庭更有效地利用健康和教育资源，从而降低社会不平等，改善困难家庭健康与营养状况，提高教育水平，促进人力资本和社会资本的积累。当前，各国有条件现金转移支付计划的限定性条件主要围绕困难家庭的教育、健康和营养这三大层面，包括了限定适龄儿童的出勤率、参与健康体检、按时为儿童接种疫苗、接受培训讲座等，当困难家庭达到了相应的限制目标，履行了

---

① RAWLING, LAURA B, RUBIO, GLORIA M. Evaluating the impact of conditional cash transfer programs: lessons from Latin America [R]. Policy research working paper No. 3119, World Bank, Washington, DC, 2003.

147

相关的政策义务，才能够持续领取到相应的救助金。教育、健康和营养也被视为促进人力资本提升的重要方面。政府通过条件引导，有效帮助困难家庭实现人力资本的积累，从而达到持续减贫的政策目标。与此同时，设置限定性条件也被视为促进困难家庭承担责任和义务的一种表现，通过"条件"的设置，社会救助不再只是政府单一的责任，而是政府和受益家庭的共同责任，有利于增强困难家庭的责任感。受益人必须履行一定的义务作为享受补贴的条件，这体现了权利与义务之间的呼应性和互补性，[1] 有利于进一步对困难家庭产生激励效应，调动困难家庭的脱贫积极性和主观能动性，促进困难家庭在教育、健康和营养等方面的自主投入。

2. 个体差异化救助为补贴原则

不同家庭由于家庭成员结构组成不同，其生活成本和救助需求呈现出明显差异，有条件的现金转移支付项目在补贴发放时，考虑这一现实需要，墨西哥机会计划、巴西家庭津贴计划和智利团结计划根据家庭成员的不同情况，均采取了差异化的补贴标准。其中，墨西哥的机会计划根据家庭中孩子的上学阶段和性别不同，采取不同的补贴标准。其针对从小学三年级到高中三年级的孩子，随着孩子上学阶段的增加，补贴额度也随之增加，小学阶段的平均补贴额度为 148 比索，高中阶段的平均补贴额度为 545 比索，高中阶段的补贴额度是小学阶段的近4 倍，主要原因是考虑高年级学生的学习用品费用和生活成本

---

[1] 郑皓瑜. 拉美国家扶贫政策研究 有条件现金转移支付计划 [M]. 北京：对外经济贸易大学出版社，2013：124.

都会更高，并且更容易因为家庭贫困提前进入劳动力市场而辍学。① 墨西哥机会计划的补贴标准也因性别而异。针对中学和高中学生，女生的补贴标准均高于男性，高中阶段，男女生间的补贴差距增加到 80 比索。男女生补贴额度差异的设置，一方面是弥补女性在教育不平等方面的弱势，另一方面则是为了促进女性能够继续接受教育。巴西的家庭津贴计划中，则同时考虑家庭的贫困情况以及家庭中儿童的情况，设置了不同的救助标准。以 2011 年标准为例，人均月收入不超过 70 雷亚尔的家庭将获得每月 70 雷亚尔的基本救助金，15 岁以下每个儿童还将获得额外每人 32 雷亚尔（最多 5 人），16~17 岁的每个青年的额外金额为每人 38 雷亚尔（最多 2 人），所以，极端贫困家庭的最高福利金额为 242 雷亚尔。针对月收入在 71~140 雷亚尔之间的一般贫困家庭，没有基础补助，但可获得儿童补助和青少年补助。因此一般贫困家庭获得的最高额度为 172 雷亚尔。② 智利的团结计划则重点针对参与计划时间，设置了递减式的补贴额度。在困难家庭参加团结计划的 24 个月期限内，在最初 6 个月每月可以领取 1.05 万比索，第 2 期的 6 个月每月领取 8000 比索，第 3 期的 6 个月每月领取 5500 比索，最后 6 个月每月领取 3500 比索。此外，针对不同的家庭情况会针对性地给予政府补贴，例如，未成年人家庭补贴、老年人和残疾人以及精神残疾者养恤金援助方案的补贴、继续教育补贴等。综上，通过差异化补贴额度的设置更能体现有条件现金转

---

① 郭存海．巴西和墨西哥的"有条件现金转移"计划评析[J]．拉丁美洲研究，2010, 32 (4)：37-42, 80.
② SOARES S S D. Bolsa Família, its design, its impacts and possibilities for the future [M]. Rowman & Littlefield, 2012.

移支付计划分类政策的救助理念，提高救助资金的使用效率。

3. 以家庭为导向，关注妇女儿童

在有条件现金转移支付计划中，具有明确的家庭导向和性别考量。首先，墨西哥机会计划、巴西家庭津贴计划和智利团结计划均是以家庭作为计划的实施对象，以家庭为单位提供救助津贴，各项计划均强调与家庭签订"家庭协议"，使家庭形成主动改善生活状况的观念。同时，各项计划中，女性家长通常是补贴的直接领取者和管理者，女性通常还被要求监督和督促家庭对计划的执行情况，负责完成和参与计划相关的所有手续，包括登记、承担义务以及救济金的领取。其主要原因在于女性被认为比男性更有可能以改善家庭福祉为目标合理使用现金补贴，同时女性也更愿意将现金补贴用于对儿童的投资。[①]这一条件的设置，有利于赋予妇女更大的权利，提升女性的家庭地位，促进男女平等。但也有学者认为，女性在该计划中被赋予了过多的责任和要求，会进一步限制女性进入劳动力市场的机会。[②] 各项有条件现金转移支付计划还具有一个较为明显的共性，那就是关注妇女和儿童权益的保障。例如，在墨西哥机会计划中，教育领域的补贴旨在通过向学生的母亲提供教育补助金来提高墨西哥贫困农村孩子的入学率，同时考虑女孩辍学的倾向，而向其提供更高的补助金。同时，墨西哥参与计划的家庭的学生一旦完成初中学业，即可一次性获得总额为300

[①] RABINOVICH L, DIEPEVEEN S. The design of conditional cash transfers: experiences from argentina's universal child allowance [R]. Development Policy Review, Paper No. 2014-007, 2015.

[②] SUGIYAMA N B, HUNTER W. (2020). Do conditional cash transfers empower women? Insights from Brazil's Bolsa Família [J]. Latin American politics and society, 2020, 62 (2): 1-22.

美元的奖金，这笔补贴可以由家庭自由支配。① 在健康和营养领域，机会计划重点关注 5 岁以下儿童、孕妇和哺乳期妇女，向 4 个月至 2 岁的儿童、孕妇和哺乳期妇女提供营养补充。如果在 2~5 岁的儿童中发现营养不良的迹象，也将给予营养补充。受益人的营养状况通过强制就诊进行监测，对 5 岁以下儿童、孕妇和哺乳期妇女的监测更为频繁。② 巴西的家庭津贴计划同样强调了对儿童、孕妇和哺乳期妇女的营养保障，在限定性条件中包含了正常上学、产前护理、健康检查、疫苗接种、生长监测等方面，重点关注 7 岁以下儿童的发育监测、针对 14~44 岁女性定期体检、孕妇必须接受产前检测和常规产前护理、婴儿必须按时接种疫苗、可能沦为童工的儿童和青少年要参加社会矫正教育等，③ 进一步保障儿童和女性的健康和福祉。智利的团结计划则在条件设置中关注到女性和儿童的教育、健康和家庭分工问题。在教育方面，规定 15 岁以下儿童必须接受教育、12 岁以上儿童必须会识字、残疾儿童也必须接受正常或特殊教育等；健康方面，则注重儿童的疫苗注射和体检、女性和怀孕女性的日常体检、产前检查等；此外，智利的团结计划还强调了在家庭分工方面的男女平等，要求无论男

---

① 郑皓瑜. 拉美国家扶贫政策研究 有条件现金转移支付计划 [M]. 北京：对外经济贸易大学出版社，2013：98.
② SKOUFIAS E, DI MARO V. Conditional cash transfers, adult work incentives, and poverty [R]. Policy research working paper No. 3973, World Bank, Washington, DC, 2006.
③ LANGOU G D. Validating one of the world's largest conditional cash transfer programmes. A case study on how an impact evaluation of Brazil's Bolsa Família programme helped silence its critics and improve policy [J]. Journal of development effectiveness, 2013, 5 (4)：430-446.

女，都要根据年龄，在家庭成员中间平均分配家务劳动。① 此外，团结计划的参与者还可以优先获得儿童保育、学前班和延长上学日，以及在学校系统内提供额外的帮助和服务的计划；还可以优先获得社会发展方案以及侧重于家庭暴力和加强高危儿童与其父母之间联系的家庭服务。

4. 现金补贴为主，实物服务为辅

以墨西哥机会计划、巴西家庭津贴计划和智利团结计划为代表的现金转移支付计划主要是通过对贫困家庭提供现金补贴为主，实物服务为辅的救助手段，来缓解经济压力，提高消费能力，从而促进贫困家庭对人力资本的投资。首先，有条件现金转移支付项目主要向受助的困难家庭提供现金支持，这包括自由支配的部分和专项补贴，自由支配部分是政府直接定期提供给受助家庭的现金，受助家庭可以根据家庭情况来决定现金的使用方式，专项补贴是指政府为受助家庭提供的用以较低价格支付生活费用的补贴，即贫困家庭支付水电气等生活费用时，可以享受的折扣补贴，② 进一步降低困难家庭的生活成本。例如，智利团结计划的可饮用水补贴旨在每月为计划受益家庭免除最多 15 立方可饮用水费用。其次，除现金救助外，还有非现金的实物救助，包括营养补给品、学习用具和生产材料等，例如，在墨西哥机会计划中，为了解决困难家庭营养不良的现象，计划会为儿童提供强化食品补充剂，以及为孕妇和哺乳期妇女提供食品补充剂，以保障其能获得满足每日营养所

---

① 郑皓瑜. 拉美国家扶贫政策研究 有条件现金转移支付计划 [M]. 北京：对外经济贸易大学出版社，2013：180.

② 郑皓瑜. 拉美国家扶贫政策研究 有条件现金转移支付计划 [M]. 北京：对外经济贸易大学出版社，2013：94-96.

需的全部营养元素和微量元素,改善健康问题。① 最后,除了现金和实物,有条件的现金转移支付计划还会提供增强贫困人口可持续生计方面的各项服务等,例如,提高就业能力的技术和职业培训,就业咨询、指导和介绍等配套服务,以及提高健康水平和生命质量的各项身体检查、产前护理、生长监测等服务。

(二) 差异

1. 目标定位与救助对象的选择

任何有条件现金转移支付项目在设计之初,需要解决的第一个问题就是确定计划的目标和受益对象。从拉美各个国家的计划实施来看,其主要目标均是解决贫困和赤贫家庭的生计问题,将有限的救助资源集中在最需要的对象身上,在具体对象的选择时,部分国家还将家庭中是否有儿童或妇女作为重要的考量因素。其中,墨西哥的机会计划重点将救助对象瞄准为有儿童的赤贫和贫困家庭,巴西的家庭津贴计划重点将救助对象瞄准有儿童和孕妇的赤贫和贫困家庭,同时也向其他赤贫家庭提供救助金,智利的团结计划主要将所有赤贫家庭纳入社会保护,并为其提供更多的机会和资源。在救助对象的选择机制方面,一般情况下,如果一个家庭符合贫困的标准,有条件的现金转移支付项目只要确认这个家庭的子女处于合格的年龄,并满足限定性条件,就会准予补贴;有时候也会采取以人口统计

---

① RAMIREZ-SILVA I, RIVERA J A, LEROY J L, NEUFELD L M. The oportunidades program's fortified food supplement, but not improvements in the home diet, increased the intake of key micronutrients in rural Mexican children aged 12-59 months [J]. The journal of nutrition, 2013, 143 (5): 656-663.

学特征瞄准的方式，针对限定地区内的限定群体提供转移支付；具体的对象选择方式包括传统的家计调查、地域定位、代理家计调查、类别定位等，目的是提高瞄准率。具体来看，墨西哥的机会计划主要采用了地域定位和群体定位两种方式，通常需要通过三个步骤来选定贫困家庭。首先是地域定位，即按照国家人口委员会的边缘化指标选出贫困率最高的地区作为受益地区；其次，对选择的地区进行户籍登记，根据相应的指标对家庭的贫困程度进行排序初步确定受益家庭；最后，在社区会议上最终确定受益家庭。经以上步骤最终选出的家庭每3年需重新评估一次。① 地域定位和群体定位方式对于目标人群的甄别更加细致，但采用这种方式需要投入一定的人力物力，往往由第三方机构或专门的社会工作者来承担调查的工作。② 巴西家庭津贴计划的受益对象主要通过家计调查结果来确定，家计调查结果会录入"联邦计划受益家庭登记系统"中，作为受益资格确定的基础数据。计划的受益人群规模受到财政预算的约束，新家庭的进入只有在旧家庭退出该计划时才有可能，从而涉及各市州不同层级政府间的博弈，即进行关于项目人数配额等的协商，因此最终受益对象的选择会受到各个市州指标配额的影响。③ 智利团结计划的受助对象资格认定主要依据社会救助委员会的 CAS-2 卡片系统进行的，这些卡片记录了智利家庭的社会生活水平。对于生活水平的量化则主要是依靠一

---

① 张浩淼. 拉美的新型社会救助与对中国的启示[J]. 安徽行政学院学报，2010, 1 (2): 34-37.
② 张浩淼. 拉美国家贫困儿童的救助经验及其启示[J]. 学术界，2013, (6): 221-228, 288.
③ 张浩淼，杨成虎. 巴西有条件现金转移支付救助实践及其对我国的启示[J]. 西部经济管理论坛，2021, 32 (1): 77-86.

套系统的家庭积分记录体系,通过系统评估形成申请者档案,并统一通过计算机系统进行管理。该体系依据调查取得的情况对申请人的社会经济状况打分,评估和打分主要包括住房、教育、职业和收入(财产)4个方面的13个指标,分数在350~750,分数越小表明生活条件越恶劣,越需要得到社会救助。[1]最终根据CAS-2卡片情况,最终确定受益资格。从各项计划的受益对象覆盖范围来看,墨西哥机会计划在2006年覆盖了500万个家庭,约占墨西哥总人口的25%,2010年覆盖对象扩大至580万个家庭,约3000万人口,每3位墨西哥人中就有1位接受了机会计划。在部分州,墨西哥机会计划受益人口覆盖率可以达到60%以上。[2][3] 从城乡分布来看,机会计划的受益对象主要集中在农村地区。[4] 巴西的家庭津贴计划已经形成一个统一的全国性社会安全网,是世界上规模最大的有条件现金转移方案之一,覆盖对象最多。2010年,家庭津贴计划覆盖1240多万个家庭,4870万名受益者,占巴西人口的25.4%。[5]根据巴西公民事务部最新数据,2021年1月,BFP计划已经

---

[1] 刘纪新. 智利的社会救助制度[J]. 拉丁美洲研究, 2001, (5): 49-53, 64.

[2] 张浩淼. 拉美国家的社会救助改革及其启示[J]. 新视野, 2010, (4): 89-91.

[3] 郑皓瑜. 拉美国家扶贫政策研究 有条件现金转移支付计划 [M]. 北京: 对外经济贸易大学出版社, 2013: 159.

[4] PARKER S W, TODD P E. Conditional cash transfers: the case of progresa/oportunidades [J]. Journal of economic literature, 2017, 55 (3): 866-915.

[5] LANGOU G D. Validating one of the world's largest conditional cash transfer programmes. A case study on how an impact evaluation of Brazil's Bolsa Família programme helped silence its critics and improve policy [J]. Journal of development effectiveness, 2013, 5 (4): 430-446.

覆盖约1460万个家庭。① 智利的团结计划由于主要针对处于赤贫的极端贫困对象，所以其覆盖范围较小，2010年，团结计划覆盖范围约为21.6万个家庭，约占总人口的5%，其中2/3的受益对象为赤贫人口。②

表5-1 不同计划的目标定位、选择机制、覆盖范围情况

有条件现金计划	目标定位	选择机制	覆盖范围
墨西哥机会计划	有儿童的赤贫和贫困家庭	地域定位、群体定位	580万个家庭（2010）
巴西家庭津贴计划	有儿童或孕妇的赤贫和贫困家庭、赤贫家庭	家计调查	1460万个家庭（2021）
智利团结计划	赤贫家庭	CAS-2卡片系统	21.6万个家庭（2010）

资料来源：根据现有资料整理。

2. 改善目标与条件内容的确定

确定改善目标并设置相应的条件内容是有条件现金转移支付项目的重要内容。根据各国的经济发展水平和减贫目标定位不同，有条件现金转移支付项目在设置限定性条件时，侧重方面也各不相同，同时也要考虑赤贫和贫困家庭是否有能力达成这些目标。墨西哥的机会计划针对有儿童的赤贫和贫困家庭，

---

① CORREA, JUVILIANA P, MARCEL D T V, RICARDO D S F, BETARELLI J A A. Focus on cash transfer programs: assessing the eligibility of the Bolsa Família program in Brazil [J]. Quality & Quantity, 2022, 1-25.

② 房连泉. 智利的收入分配与社会政策[J]. 拉丁美洲研究, 2012, 34(4): 20-25, 79.

主要致力于改善赤贫和贫困家庭及其儿童的教育、健康和营养饮食情况。首先，教育方面，计划给每个家庭发放教育补贴金，但要获得这笔补贴金，家庭就必须保证孩子在校出勤率达到85%以上；从高中入学之日起四年内必须完成高中学业，并且年龄不得超过22岁。其次，健康方面，机会计划要求全体家庭成员必须定期进行身体检查；每月定期参加有关健康和营养方面的讲座和座谈；对儿童的成长进行监督；按时接种疫苗；参与疾病的预防和治疗等。最后，在营养及饮食方面，机会计划要求将相应的救助金用于购买食品并按要求服用营养素。巴西的家庭津贴计划主要将改善目标瞄准促进人力资本提升的教育和健康领域。教育方面，家庭津贴计划要求参与计划的家庭必须保证6~15岁的儿童在校出勤率达到85%，16~17岁的儿童必须达到75%；曾从事工作或有此类风险的儿童必须接受社会教育辅导，出勤率达到85%以上。健康方面，家庭津贴计划要求7岁以下儿童进行儿童发育监测（包括定期注射疫苗和定期体检等）；14~44岁女性接受孕期检查或哺乳期指导。智利团结计划的主要致力于改善赤贫家庭的生活状况，为其创造机会并提供更多的资源，团结计划的条件内容十分具体，涉及的范围也十分广泛，参加计划的家庭必须与"家庭救助人"签订协议，正式承诺为改善生活条件而努力。在家庭救助人的帮助下，救助家庭必须履行协议契约中就教育、健康、身份认证、家庭活力、住房、工作及收入7大方面共计79项最低生活质量标准所规定的义务，内容涵盖生活的方方面面，事无巨细，例如，"家庭活力"领域就规定家庭成员间经常开展日常对话，对家庭成员进行习惯、生活作息时间以及娱乐消遣方式的培养；家庭要具备解决冲突的有效办法；在家庭内部要有和谐共处的标准；无论男女，要根据年龄在家庭成员间平均分配家务劳动等。"健康"领域包括家庭必须在关注健康服务处登记；怀孕女性必须进行产前检查；6岁以下儿童必须进行疫苗注射和体检；35岁以上女性需按时进行女性疾病筛查；所有采取避孕措施的女性必须按期进行身体检查；老年人必须进行身体检查；患有慢性病的家庭成员必须进行身体检查；残疾对象如有恢复可能，必须接受康复训练；家庭成员必须了解健康和自我保健的信息。综上，各项计划通过在各领域进行条件性的限制，能够进一步促进家庭在健康、教育、营养饮食等各个方面的投入，从而将社会救助与提高赤贫和贫困家庭能力两方面紧密结合，达到持续性改善贫困的目标。

表 5-2 不同计划的改善目标与条件内容设置情况

有条件现金计划	改善目标	条件内容
墨西哥机会计划	改善赤贫和贫困家庭及其儿童的教育、健康和营养饮食情况	【教育】在校出勤率达到85%以上；从高中入学之日起四年内必须完成高中学业，并且年龄不得超过22岁 【健康】全体家庭成员定期进行身体检查；每月定期参加有关健康和营养方面的讲座和座谈；对儿童的成长进行监督；按时接种疫苗；参与疾病的预防和治疗等 【营养及饮食】将相应的救助金用于购买食品并按要求服用营养素

续表

有条件现金计划	改善目标	条件内容
巴西家庭津贴计划	改善有儿童或孕妇的赤贫和贫困家庭以及赤贫家庭的教育和健康状况	【教育】参与计划的家庭必须保证6—15岁的儿童在校出勤率必须达到85%，16—17岁的儿童必须达到75%；曾从事工作或有此类风险的儿童必须接受社会教育辅导，出勤率达到85%以上 【健康】7岁以下儿童要进行儿童发育监测（包括定期注射疫苗和定期体检等）；14—44岁女性接受孕期检查或哺乳期指导
智利团结计划	改善赤贫家庭的生活状况，为其创造机会并提供更多的资源	履行"家庭契约"中就教育、健康、身份认证、家庭活力、住房、工作及收入7大方面共计79项规定的义务

资料来源：根据现有资料整理。

3. 惩罚机制与退出机制的设置

一个有效的有条件的现金转移支付项目设计需要慎重考虑惩罚机制与退出机制，从而避免受益者的福利依赖，控制项目成本，并使项目被操控和滥用的风险降到最低。在惩罚机制的设置方面，墨西哥机会计划按照参与计划未履行义务的次数和时间，设置了单月停发、双月停发、学期停发、无限期停发和终止发放五种停发机制，对家庭保障学生履行学校出勤义务、健康和营养义务等方面做出了严格的限制。其中，针对救助金的使用也有对应的惩罚机制，即负责领取救助金的女性连续4个月或以上未动账户内款项将无限期停发救助金，进一步督促家庭女性提高救助金的使用效率。对成年人的惩罚则更为严苛，成年人连续一年或一年以上不履行卫生保健方面的义务将直接面临终止发放救助金。巴西的家庭津贴计划则按照救助家庭违规次数，设置了相应的惩罚措施，其中救助家庭首次违规，将受到警告，但不影响救助金的领取；第二次违规，家庭将受到惩罚，救助金冻结30天，但按月累积；第三次违规，救助金冻结60天；第四次违规，救助金冻结60天，并且不再补发；第五次违规，直接取消参与计划资格。智利团结计划规定参与家庭多次未履行义务，将被取消参与资格。通过惩罚机制的设置，我们可以看出，不同的项目在惩罚的力度和强度方面存在一定的差异，其中墨西哥机会计划的惩罚机制最为严苛，不履行义务将直接面临无限期停发和终止发放。巴西家庭津贴计划则相对留有余地，当家庭没有履行相应义务时，救助金只是被冻结，还会被累积，这给予了救助家庭多次弥补的机会。智利团结计划由于条件内容规定冗杂、内容繁多，对条件履行的监测较为复杂，所以其惩罚机制较为空泛。在计划退出机制的设置方面，墨西哥机会计划规定，参与计划的时限为3年，3年后未脱贫的家庭继续参与计划，3年后脱贫的家庭进入时限为6年的"区分救助体系"。巴西的家庭津贴计划没有设置明确的计划参与期限，但每两年会对受助家庭进行一次资格审核，以确定是否能够领取救助补贴；智利团结计划的参与期限为24个月，24个月后未能达到最低退出标准的家庭可以继续享受某些救助。

表 5-3 不同计划的惩罚机制与退出机制设置情况

有条件现金计划	惩罚机制	退出机制
墨西哥机会计划	①单月停发：一个月内学生有4次以上无故缺勤或者饮食、能源及营养方面的任何违规 ②双月停发：学生无法出示由学校开具的出勤率证明 ③学期停发：学生在一个学期内3次被罚停发救助金，或者12次以上无故缺勤 ④无限期停发：学生在同一年级留级，直至顺利升级后再次恢复发放；或在最近的12个月内连续4个月或非连续6个月内不履行义务，或无法出示履行健康体检相关证明等；负责领取救助金的女性连续两次未到指定地点领取救助；负责领取救助金的女性连续4个月或以上未动账户内款项 ⑤终止发放：对应的情况为成年人连续一年或一年以上不履行卫生保健方面的义务	参与计划的时限为3年；3年后未脱贫的家庭继续参与计划；3年后脱贫的家庭进入"区分救助体系"，此体系时限为6年
巴西家庭津贴计划	首次违规：家庭受到警告，不影响救助金的领取；第二次违规：家庭受到惩罚，救助金冻结30天，但按月累积；第三次违规：救助金冻结60天；第四次违规：救助金冻结60天，并且不再补发；第五次违规：取消参与计划资格	未规定计划期限；每两年进行一次资格审核，以确定是否能够领取救助补贴

续表

有条件现金计划	惩罚机制	退出机制
智利团结计划	参与家庭多次未履行义务,将被取消参与资格	计划参与期限为24个月;24个月后未能达到最低退出标准的家庭可以继续享受某些救助

资料来源:郑皓瑜.拉美国家扶贫政策研究 有条件现金转移支付计划 [M].北京:对外经济贸易大学出版社,2013:102.

4. 执行监督与项目管理的设定

对受助家庭的条件履行情况进行监督,是核定救助金发放是否达标以及保障计划实施效果的重要步骤。墨西哥的机会计划的执行监督,主要是通过计划管理人负责监督。计划管理部门会负责印制并发放记录表格,并将它们交给各地的教育卫生机构,让其负责记录各个家庭的义务履行情况,这些表格每两个月向计划协调组反馈一次,协调组根据表格反映的情况,发放家庭补贴。巴西的家庭津贴计划主要是联邦政府通过受益人登记审查、舞弊行为监督网、未履行义务家庭集中登记等方式来监督受益家庭的义务履行情况,卫生部、教育部等部门也会配合监督职能内义务的履行情况。智利的团结计划,为了实现高效管理,开发了一个信息系统,从而通过网络监督受益家庭"对应义务"的执行情况,分析计划的可执行性以及家庭退出原因等;同时,团结计划中"家庭救助人"的设置也能进一步协助收集受助家庭的义务履行信息。从计划的管理与执行部分的设置来看，墨西哥机会计划的主管部门是社会发展部，在下专设了人类发展项目"机会计划"国家协调委员会来负责计划执行，协调委员会下又设置了行政委员会和技术委员会，行政委员会主要由社会发展部、教育部、财政部、公共信贷部、卫生部和社会保险机构的工作人员组成，他们需要定期对计划的执行情况进行跟踪、解决执行中遇到的问题、协调各部门间的行动，并对计划提出改良建议。技术委员会则是计划协调委员会的智囊团，负责计划的实施情况。巴西的家庭津贴计划主要由社会发展与反饥饿部主管，下属的国民收入秘书处负责主要执行，具体职能包括制订方案执行的规范和条例、与各州和各市的沟通协调、确定每个家庭的补助标准、确定限制条件、确定限制条件的监测方式以及对不遵守行为的制裁、确定覆盖范围目标与确定方案预算、制定市政目标和限制、与联邦政府其他部门进行沟通协调、监测方案执行情况和定期评价等。此外，市政当局主要负责对家庭信息的登记，将其信息统一输入注册系统，并收集联邦政府监测卫生和教育条件遵守情况的信息，市政当局还负责向家庭提供所需的保健和教育服务；联邦储蓄银行负责维护社会计划登记系统、发放家庭补助金等；卫生部、教育部主要负责协调履行各自职能，包括监测家庭遵守条件的情况、监测市政府的方案执行情况。[1] 智利团结计划的主管部门是规划与合作部，主要负责协调国家的、地区的以及地方的各主管社会问题的公共部门和私有部门的关系

---

[1] ILO, Cash transfer programmes, poverty reduction and empowerment of women: a comparative analysis: experiences from Brazil, Chile, India, Mexico and South Africa [R]. ILO Working Papers, 2013.

和相互协作。社会保障行政秘书处专门负责具体的项目执行，包括收集并及时更新家庭信息，监督并评估计划的执行情况，协调并督促各级社会保障机构的工作，协调并监督参与计划家庭能够参与到所有的减贫项目中。

表 5-4　不同计划的监督机制与管理执行部门情况

	监督机制	管理与执行
墨西哥机会计划	教育、卫生机构通过记录表格进行情况收集	主管部门：社会发展部 执行部门：人类发展项目"机会计划"国家协调委员会，下设行政委员会与技术委员会
巴西家庭津贴计划	受益人登记审查；舞弊行为监督网；未履行义务家庭集中登记	主管部门：社会发展与反饥饿部 执行部门：国民收入秘书处；市政当局、卫生部、教育部、联邦储蓄银行配合执行
智利团结计划	通过网络监督受益家庭"对应义务"的执行情况，分析计划的可执行性以及家庭退出原因等；"家庭救助人"协助收集义务履行情况信息	主管部门：规划与合作部 执行部门：社会保障行政秘书处

资料来源：郑皓瑜．拉美国家扶贫政策研究 有条件现金转移支付计划 [M]．北京：对外经济贸易大学出版社，2013：91-92，116-117．

第二节 经验与教训

（一）经验

1. 通过限定性条件设置，体现共同责任原则

传统无条件的现金转移支付政策，强调政府对救助对象的全部责任，受助者不需要履行任何义务就可以获得救助，国家和受助者之间是一种单向性的权利与义务的关系。相比于无条件的现金转移，有条件的现金转移计划通过限定性条件的设置，使得国家和受助者之间达成一种"社会契约"，更能体现出一种"共同责任"原则，计划的参与者必须做出一定承诺，达到设定条件，才能持续获得救助，国家和受助者之间是双向性的权利和义务关系，有利于增强受助人的权利意识和责任意识。通过限定性条件的设置，能够为消除贫困和缓解不平等带来以下几个方面的积极影响。首先，限定性条件的设置能够促进穷人改变以往的行为方式，促进其增加改善自己的生活条件方面的积极行动，起到充分调动贫困家庭和个人主观能动性的目的。其次，限定性条件的设置能够优化救助资源在家庭内部间的分配。在有限的资源条件下，家庭内部也可能存在利益冲突，包括父母与子女间的冲突、父亲与母亲之间的利益冲突等，这样就可能导致家庭资源并不能合理被用于改善儿童的生活条件，或者改善整体家庭的生活条件。有条件的现金转移支付项目通过条件的设置，能够进一步引导家庭将救助资源投入教育、健康和营养领域，有助于改善家庭成员的健康和受教育状况，同时促使父母能够优先考虑满足子女的需要，并鼓励父

母投资子女的健康和福祉。最后，通过限定性条件的设置进一步引导家庭中的女性承担更多的责任和义务，从而赋予妇女更大的权利，提升了女性的家庭地位，进而促进男女平等。但与此同时，也需要注意"条件"的设置也可能提高困难家庭接受救助的门槛，将生活确实困难但无能力履行义务的对象排除在计划之外，而违背了项目的减贫初衷。

2. 树立发展型救助理念，注重提升人力资本

有条件现金转移支付项目被众多发展中国家以及发达国家借鉴学习的主要原因之一，充分体现了投资人力资本对减贫的作用。以前发展中国家对贫困的认识主要集中在"收入贫困"，把贫困看成是钱与物的短缺。而后，随着多维贫困的全面普及，政府越来越认识到教育、健康、营养等方面人力资本的缺失、机会的匮乏也是造成困难群体陷入贫困无力自拔的重要原因。对贫困群体进行人力资本投资被看作是解决贫困的有效措施，可以有效提高救助政策的执行效率，帮助贫困群体提升可行能力，尤其是教育水平和就业能力，使其能够参与劳动力市场、实现自立。所以，拉美各国纷纷改革了原有的社会救助并相继设置了许多有条件的转移支付计划。这些计划在注重解决贫困问题的同时，还着重激发贫困家庭的内生性动力、提升其可持续生计能力，以贫困对象长远发展的角度去设计实施救助政策，从传统的"事后干预"转向"事前预防"，以支持和满足社会成员的发展需要为出发点，体现了一种更加持续性的发展战略眼光。具体来看，有条件的转移支付计划通过"以金钱换行动"的方式，把救助资格与教育培训、营养改善、积极就业、健康保障和医疗服务等人力资本发展政策结合在一起，以提高穷人的教育水平和改善健康状况，并激励贫困

家庭加大对儿童的投资,以期达到提升人力资本、持续性消除贫困、破除贫困代际传递等目标。

3. 充分调动非政府力量和资源参与社会救助

国家和政府在社会救助工作中承担着不可替代的重要作用,但随着救助计划内容的扩充和救助对象需求的拓展,非政府力量和资源的补充作用进一步凸显出来。例如,在墨西哥机会计划中,为了节省人力物力,往往由第三方机构或专门的社会工作者来承担贫困家庭的调查工作。智利的团结计划则通过形成"政府—社会组织—贫困人口"的救助纽带,使社会力量在政府的统一管理下有序进入贫困人口的生活,为其提供物质与能力方面的救助,形成社会救助领域政社合作的典范。在各项有条件的转移支付计划中,除了现金支持,还会配套一系列的服务支持,为了降低成本和避免公共提供者效率低下的情况,很多国家已经将基本的健康和营养服务外包给非政府组织和社区团体,以拓展服务内容,以及为贫困家庭提供更好的服务质量。所以,这启示我们,在救助政策的实施过程中,以及救助服务的供给过程中,应该吸引和鼓励多元主体协调参与社会救助,充分调动市场、社会力量等非政府主体的资源优势,促进政府资源与社会资源的统筹结合,形成"政府—市场—社会"的力量联动。

(二)教训

1. 坚持社会救助发展与经济发展水平相适应

社会救助与社会经济发展的关系具有相互依赖性。在经济快速增长阶段,往往也伴随着贫富差距的拉大。所以在经济发展过程中,必须兼顾社会救助发展与经济发展水平相适应。拉美是世界上较早建立福利制度的地区,政府的社会支出与传统

拉丁美洲的社会救助：经验与借鉴 >>>

福利国家不相上下，但贫困率之高、收入差距之大却也居世界前列，这暴露出拉美社会福利发展没有与现实相匹配的弊病。20世纪60—70年代，拉美国家创造了世界经济增长的奇迹。但由于增长模式的缺陷和社会财富的分配不均，导致了经济危机的爆发，以及社会的动荡不安。到了20世纪90年代后，随着经济复苏，一些有财政能力的拉美国家开始实施新的社会政策，拉美的社会支出迅速扩大，在实现"经济赶超"的同时盲目追求"福利赶超"，并且为了满足高收入阶层的福利需求，很多拉美国家不顾自身发展条件的限制，忽视了内部严重的贫富悬殊问题，保障支出、财政补贴均向高收入阶层倾斜，造成了拉美福利制度"保富不保贫、济贫更济富"的保障状况。① 之后，为了稳定最弱势的那部分社会群体，就只能选择在已有的福利框架上添加项目，即开始实施针对底层民众的"有条件现金转移支付"项目，这样的不断累加导致拉美国家的制度成本不断上升，对政府财政造成了巨大压力。所以，拉美国家的经历带给我们其他两方面的启示：一方面，越是在经济高速增长阶段，越要将消除贫困和减少不平等作为经济社会发展战略的重要组成部分。就如《人类发展报告2000》中提到的"资源分配和经济增长模式必须是有利于穷人、有利于人类发展并有利于人权的。由经济增长所创造出来的资源需要投向消除贫困、促进人类发展和保障人权"②。另一方面，则是始终坚持救助水平与经济发展相匹配，避免因救助水平过高

---

① 张盈华. 拉美"福利赶超"与社会支出的结构性矛盾[J]. 经济社会体制比较, 2018, (4): 139-147.
② 联合国开发计划署. 人类发展报告2000 [M]. 北京：中国财政经济出版社, 2001: 79.

造成"福利刚性",为财政经济带来巨大负担,影响救助政策的可持续性。

2. 避免社会救助项目成为政治竞选的工具

受到"考迪罗制"的影响,许多拉美国家民主共和的政治基础不够稳定,民主化进程较短,为了巩固执政党的社会基础,社会救助政策在本身的原始功能之外,被赋予了更多的政治意识形态的功能,成为政治竞选的工具,每当政府更替,救助项目都会受到冲击或影响。例如,巴西的现金转移支付政策就具有较强的泛政治化特征,2002年来自左翼劳工党的卢拉当选巴西总统,其在总统就职当天就承诺:"让每一个巴西人吃上一日三餐",即推出"零饥饿计划",而后,卢拉继续对"零饥饿计划"等各项有条件现金转移支付计划进行整合,在此正式推出了家庭津贴计划,以此获得广大穷人的拥护与支持。2011年,同样来自劳工党的罗塞夫上台后,对家庭津贴计划进行调整,扩大受益对象范围,持续增加福利支出,进一步巩固选民基础。2018年,右翼民粹主义者博索纳当选巴西总统,为了进一步赢得政治支持,其不顾2016年宪法修正案对社会保障公共投入的严格限制和居高不下的政府赤字率,大幅增加2022年的财政预算并把超过一半的预算用于巴西援助金计划,即原来的家庭津贴计划,并巧妙地通过计划的更名,使选民将该救助计划与自己而非前总统卢拉联系在一起,以获得更多的政治支持。① 这种随着政权更迭带来的福利无序扩张,同样出现在墨西哥。为了巩固政治基础,墨西哥"机会

---

① 张浩淼. 巴西社会保障:从发展中国家典范到深陷泥潭[J]. 社会保障评论, 2022, 6 (4): 17-31.

计划"在塞迪略政府（1994—2000）、福克斯政府（2000—2006）、卡尔德龙政府（2006—2012）时期，均进行了调整，变更内容包括但不限于扩大受益家庭的范围、变更项目内容、提高补贴标准、调整计划的运行机制等。在此情况下，社会救助项目往往成为政党政治的竞选武器，救助计划的变更和待遇的提升往往缺乏理性规划，执行阶段也存在目标性和针对性不强、管理混乱等问题，导致最终违背了社会救助政策反贫困的初衷，同时影响了政策实施的稳定性和可持续性。

3. 注重保障项目实施的基本公共服务建设基础

拉美有条件的现金转移支付项目的实施目的之一是为了进一步推进教育、健康、营养饮食等领域基本公共服务在贫困家庭中的可及性，所以加强基本公共服务建设是保障项目实施的基础。在巴西、墨西哥和智利的有条件的现金转移支付项目中，限定性条件包括了贫困家庭必须保证儿童的入学率，必须定期进行身体检查以及营养测试，定期参加有关公共健康知识的讲座，定期为儿童接种疫苗等要求，但是对于贫困对象而言，其获取福利资源的机会和能力有限，如果基本公共服务发展不到位，包括学校建设的地方普及、专业体检机构的设置、开展讲座专业人员的配置、医疗人员和资源的配置等方面的不到位，都会降低贫困家庭的福利可及性，使其难以达到现金转移支付项目设定的限定性条件，而无法获得相应的救助津贴，不利于反贫困目标的实现。所以在推行有条件的现金转移支付项目的过程中，政府应该持续推进基本公共服务的基础建设，保障贫困对象能够便利得获取到相关的服务和资源，从而保障计划的顺利实施。

第六章

对我国社会救助的借鉴与启示

第一节 共同富裕背景下明确社会救助的地位和作用

从拉美国家社会救助的改革和发展经验看,拉美国家以往把社会救助看成是社会保障体系中的边缘制度,只能发挥有限的、残补的作用。因此,在社会保障体系建设与完善的过程中过度关注社会保险而忽视社会救助,导致贫困与弱势群体之间的问题日益严重,经过反思与吸取教训后,拉美各国开始重视社会救助并把其作为社会保障体系中的重要和基础部分,把有限的福利资源集中于社会底层。社会救助在其整个社会保障体系中的作用变得重要,已日渐成为社会保障体系中的基础性制度安排,是贫困治理的重要手段。

我国目前在全面建成小康社会的基础上,正向二〇三五年基本实现社会主义现代化和 21 世纪中叶全面建成社会主义现代化强国的目标迈进,这一目标十分宏伟,是一个包括共同富裕在内的社会化系统工程。困难群体是促进共同富裕的重点帮扶保障人群,而帮扶保障困难群体离不开作为民生兜底安全网的社会救助制度。社会救助是社会保障体系中重要的组成部分，它直接为困难和弱势群体提供现金支持和服务帮扶，是关键的收入分配调节手段，是迈向共同富裕目标的不可或缺的、基础性的制度安排。共同富裕是要逐步缩小收入分配差距，是要对经济社会发展成果进行科学合理的分配，让发展成果更多更公平地惠及全体人民，包括困难群体和弱势群体，要不断增强其获得感、幸福感和安全感。社会救助作为向困难群体和弱势群体提供直接帮助的社会保障制度，在提升困难和弱势群体的获得感、幸福感、安全感方面的作用重大。因此，在共同富裕的视角下，社会救助的重要性并不会因脱贫攻坚的全面胜利而减弱，反而会因救助对象向低收入人口拓展、救助目标和标准的提升等而凸显其作为共同富裕的基础性制度的重要性。也就是说，社会救助不应再被视为保障生存的制度安排，而是要将其视为提升低收入群体生活品质和福祉水平的有效手段。建设更高质量的社会救助制度，不仅是源自低收入群体的内心诉求，而且还是党的立场的重要体现，更是实现共同富裕的坚实底板。因此，在共同富裕背景下，要明确并坚持社会救助的基础性地位。在我国社会保障体系中，社会救助制度居于基础性地位，这是由公民的受助权利和贫困的相对性决定的，不会随社会保险与社会福利的发展而发生改变。同时，社会救助是维护社会稳定的重要制度安排，是党全心全意为人民服务的集中体现，在全面建成社会主义现代化强国和迈向共同富裕过程中居于基础性地位。社会救助的基础性地位决定其是应该重点保证、优先安排的社会保障制度。

共同富裕需要解决不同群体收入差距过大的问题，要千方百计地减少低收入群体，增进全体人民的福祉。在弱有所扶方面取得新进展,使低收入群体有更多获得感是迈向共同富裕的重要路径之一。这里弱有所扶中的"弱"是指生活存在困难的低收入与弱势群体,其范围要比原有绝对贫困群体的范围更广,"扶"的含义也不仅仅局限于提供最基本的生活保障,而是要帮助低收入和弱势群体摆脱生活困境并实现融入发展,即在共同富裕的视角下,社会救助要发挥实现"弱有所扶"的重要作用,既能够保障弱势群体的基本生活,又能帮助其提升发展能力与潜力。

第二节 培育"发展"的价值理念,拓展社会救助功能

社会救助作为最直接的应对贫困的制度,无疑是带有一定价值理念的,价值理念属于意识形态范畴,其作用非常关键,它会影响乃至决定社会救助的功能定位与制度实践。拉美社会救助改革受到发展型社会政策理论的影响,确立了"发展"的理念,使制度除具备为贫困家庭提供直接援助的基本功能外,还具备了人力资本投资的功能,并在促进人力资本发展方面取得了较为明显的效果,具体主要是通过有条件的现金转移支付激励受助家庭投资于健康、教育、营养等人力资本发展方面,有助于实现长期内消除贫困和促进社会发展的目的。

对我国而言,由于社会救助改革伊始是以配合国有企业改革、为失业和下岗职工提供最低生活保障为最重要的目标之一,"补偿"成为我国社会救助的价值理念。在这种具有一定消极性的理念的指导下,社会救助的基本功能只能是提供托底保障以维持受助者的最低生活,其功能无法得到拓展,受助者

的人力资本也难以得到提高和发展。应该说，兜底保障是社会救助的基础功能，是要保障低收入与弱势群体的最基本生活。此外，社会救助还应该防止受助群体被边缘化或被社会排斥，帮助受助群体获得发展的机会和能力，这有助于促使社会救助从"消极"走向"积极"。社会救助促进发展功能的发挥，能够提高受助者的就业和增收能力，为实现共同富裕提供平台，为此，一方面要从制度措施入手，通过以工代赈、就业介绍和推荐、培训教育等方面的积极救助措施，使低收入和弱势群体的人力资本和发展能力得到提高，帮助其提高收入并改善困境；另一方面，要转变受助群体的心理感受，让受助群体的感受从"羞耻感"转变为"上进心"，受助对象能力低下、好逸恶劳等负面标签和刻板印象容易给其带来"羞耻感"，使受助对象被动地接受救助，难以获得发展的动力，因而要把受助对象看成重要的人力资源和平等的社会成员，通过宣传教育、扶志扶智等多种方式树立受助对象的上进心，使促进发展的社会救助措施和手段能够真正发挥作用。总之，在共同富裕的视角下，社会救助在发挥兜底保障的基础功能之外，还要发挥促进发展的升级功能，把事后补偿与事先预防结合，实现从"消极"向"积极"过渡转型。

第三节 转变对贫困的认识，对社会救助进行适应性再设计

拉美国家社会救助改革受到发展型社会政策理论和多维贫困理论的影响，重新认识了贫困问题。也就是说，拉美国家逐步认识到贫困不仅是收入短缺，还包括健康、营养、教育等方

面的剥夺，因此，新建立的有条件现金转移支付项目的救助金领取条件设置多围绕贫困家庭成员的营养、健康和教育方面。

对我国来说，以前对贫困的认识和理解仍主要集中在收入短缺角度，既有研究基本是从经济或收入的单维角度进行测量和估算，缺乏从健康、教育、营养等方面的认识和测量，实践中对困难群体的识别主要从收入与资产的经济角度，识别标准单一，识别中存在重绝对贫困轻相对贫困、重经济贫困轻多维贫困的问题。

因此，相应的救助就很难关注收入短缺以外的方面，也就无法产生新的救助理念和制度设计的创新。当务之急是尽快转变对贫困问题的认识，从收入、教育、营养、健康等多维角度去理解和测量我国弱势群体的困难，进而进行新的适应性制度设计，在缓解贫困的同时帮助困难群体积累人力资本，并关注困难家庭中的儿童，以打破贫困的代际传递。为此，需要对社会救助制度进行适应新的再设计：一方面，困难群体要扩展至相对贫困群体，由此社会救助的对象识别机制应加以改革创新，要设计基于多维贫困的"困难指数"来较为科学地测量困难程度，考虑人口结构、健康状况、教育、就业、财产、消费支出、意外事故或急难、社会资本等维度，并在各维度下设计具体指标（见图6-1），精准地识别困难群体，扩展救助帮扶范围，并结合和借助低收入人口动态监测平台等信息化手段，对识别出的困难群体的需求进行精准研判，以提供与需求相匹配的政策供给。另一方面，我国社会救助体系救助内容的性质属于"基础+特色"，要积极构建综合性的救助格局，通过基础救助项目与特色救助项目结合的方式来提升弱势群体的获得感和满意度，增加社会救助的精准性。我国当前社会救助体系的救助内容主要包括《社会救助暂行办法》中规定的八类基础救助项目，即低保、特困人员供养、受灾人员救助、医疗救助、教育救助、住房救助、就业救助、临时救助，这些项目提供相应的基础性救助待遇，这些基础待遇可以划分为基本生活救助（低保、特困），专项社会救助（医疗、教育、住房和就业）和急难社会救助（临时救助、受灾人员救助），这些基础救助项目当然需要不断地完善加强，但也应注意到，这些基础性项目虽然可以起到重要的托底保障作用，但难以满足部分弱势群体的个性化需要。不少地方已经根据《社会救助暂行办法》中规定的"社会力量参与"，通过政府购买服务的方式设置相应的特色救助项目，引入专业的社工机构和社会工作者，针对弱势群体展开细致的需求调查与评估，详细掌握弱势群体的个性化需求，精准对接援助资源，涉及的特色救助项目应包含残疾人生计发展、家居改造、因病致贫家庭医疗援助、困境儿童援助、困境老人援助、困难妇女援助等，实现通过基础救助项目与特色救助项目结合的方式来提升弱势群体的获得感和满意度。

困难指数 —— 可考虑维度：人口结构、健康状况、教育、就业、财产、消费支出、意外事故或急难、社会资本等 —— 指标：结合实际对各个维度的具体指标进行设计

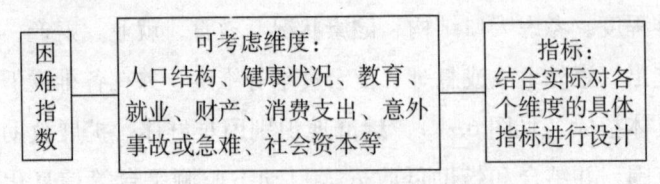

图 6-1 "困难指数"的构建

第四节 注重社会救助的性别差异和儿童导向

拉美国家的社会救助有较为明确的性别考量，是国际女性救助实践的重要内容，例如，巴西家庭津贴计划中津贴的发放以母亲为主，有助于将津贴用于家庭食品开支和儿童投资，同时也有助于促进家庭资源分配的合理化，改善弱者地位与促进性别平等，维护家庭和谐。计划在对儿童补贴金额的发放过程中也考虑了性别因素，如初中女生获得的转移支付要高于男生，以使得教育外部性内部化，其实这关注了贫困女性化问题。此外，拉美国家的社会救助还关注了贫困对儿童的不利影响，有条件现金转移支付项目要求受助家庭投资于儿童的健康和教育等内容，对于缓解儿童贫困问题起到了重要作用。

受家庭资源在性别上的分配不均、女性参与劳动力市场的相对劣势以及福利保障制度的缺陷等影响，"贫困女性化"已成为国际社会的普遍现象，女性贫困呈现出人口结构化特征，贫困女性在总贫困人口中的比例以及以女性为户主的家庭在贫困家庭中的比例不断上升。因此，加强对女性的社会保护有助于缓解女性贫困、促进女性就业、改善女性健康状况。同时有助于婴幼儿健康成长、维护家庭和谐，进而打破贫困的代际传递。我国在男女两性传统分工上形成的文化壁垒，以及现实生活中就业市场上的隐性歧视，导致女性在就业与家庭责任间存在冲突。此外，我国离婚率的持续攀升导致女户主家庭增多，存在贫困女性化风险，因此，将性别因素纳入社会救助政策考量从而增进女性赋权和摆脱贫困，具有明显的现实意义，在救助政策设计上应关注性别差异。此外，我国虽然已在最低生活保障制度的基础上实施了分类施保，即基于贫困人群所属的类别（如儿童、老人等）进行有针对性的救助，根据所属类别救助对象可以享受到不同比例救助幅度的上调，但是实际操作中分类粗疏、人群界定较难，且上浮的救助金也只是家庭低保金的一部分，并不能保证用在家庭中的特定困难人员身上。因此，可以考虑对分类施保进行政策创新和改革，对分类加以细化并规范特定困难人群，尤其是强化针对儿童，通过适当的目标定位瞄准有儿童的贫困家庭，并帮助儿童积累人力资本，改善其健康和教育水平，防止贫困的代际传递。

参考文献

中文著作：

[1] 陈成文. 社会弱者论 [M]. 北京：时事出版社，2000.

[2] 李曜，史丹丹. 智利社会保障制度 [M]. 上海：上海人民出版社，2009.

[3] 联合国开发计划署. 人类发展报告2000 [M]. 北京：中国财政经济出版社，2001.

[4] 林闽钢. 现代西方社会福利思想：流派与名家[M]. 北京：中国劳动社会保障出版社，2012.

[5] 卢汉龙. 2006—2007年上海社会发展报告：关注社会政策 [M]. 北京：科技文献出版社，2007.

[6] 吕银春，周俊南. 列国志巴西 [M]. 北京：社会科学文献出版社，2004.

[7] 世界银行. 2004年世界发展报告（中文版） [M]. 北京：中国财政经济出版社，2004.

[8] 吴忠. 有条件现金转移支付、公共服务与减贫[M]. 北京：中国农业出版社，2011.

[9] 徐世澄. 墨西哥革命制度党的兴衰 [M]. 北京：世界知识出版社，2009.

[10] 徐世澄. 墨西哥政治经济改革及模式转换 [M]. 北京：世界知识出版社，2013.

[11] 詹姆斯·米奇利. 社会发展：社会福利视角下的发展观 [M]. 苗正民，译. 上海：格致出版社，2009.

[12] 张浩淼. 发展型社会救助研究：国际经验与中国道路 [M]. 北京：商务印书馆，2017.

[13] 张秀兰，徐月宾，梅志里. 中国发展型社会政策论纲 [M]. 北京：中国劳动社会保障出版社，2007.

[14] 郑功成. 社会保障学——理念、制度、实践与思辨 [M]. 北京：商务印书馆，2002.

[15] 郑功成. 中国社会保障改革与发展战略 [M]. 北京：人民出版社，2008.

[16] 郑功成等. 中国社会保障制度变迁与评估 [M]. 北京：中国人民大学出版社，2002.

[17] 郑杭生. 转型中的中国社会和中国社会的转型 [M]. 北京：首都师范大学出版社，1996.

[18] 郑皓瑜. 拉美国家扶贫政策研究：有条件现金转移支付计划 [M]. 北京：对外经济贸易大学出版社，2013.

中文期刊：

[1] 白晨，顾昕. 中国社会安全网的横向不平等——以城镇最低生活保障为例[J]. 中国行政管理，2018，(1).

[2] 曹淑芹. 智利政府克服贫困的新举措——"智利团结计划"[J]. 拉丁美洲研究，2005，(4).

[3] 陈培勇. 智利和墨西哥社会保障法比较及其启示[J]. 拉丁美洲研究，2007，(6).

[4] 陈文辉.智利养老金制度改革与评价[J].保险研究,2006,(11).

[5] 程名望,Jin Yanhong,盖庆恩,等.农村减贫:应该更关注教育还是健康?——基于收入增长和差距缩小双重视角的实证[J].经济研究,2014,49(11).

[6] 池振合,杨宜勇.城镇低收入群体规模及其变动趋势研究——基于北京市城镇住户调查数据[J].人口与经济,2013,(2).

[7] 大卫·布拉沃,石琤.智利多层次养老金的改革进程与最新动向[J].社会保障评论,2018,2(3).

[8] 董经胜.巴西政府的经济政策和债务危机的形成(1974—1985)[J].安徽史学,2005,(2).

[9] 樊平.中国城镇的低收入群体——对城镇在业贫困者的社会学考察[J].中国社会科学,1996,(4).

[10] 房连泉.20世纪90年代以来巴西社会保障制度改革探析[J].拉丁美洲研究,2009,31(2).

[11] 房连泉.国际扶贫中的退出机制——有条件现金转移支付计划在发展中国家的实践[J].国际经济评论,2016,(6).

[12] 房连泉.智利的收入分配与社会政策[J].拉丁美洲研究,2012,34(4).

[13] 郭存海.巴西和墨西哥的"有条件现金转移"计划评析[J].拉丁美洲研究,2010,32(4).

[14] 郭小东,付升华.社会保护底线支出、城镇偏好与城乡居民收入差距[J].社会保障研究,2017,(2).

[15] 国家发展改革委就业和收入分配司调研组.下大力

气促进城乡低收入群体增收[J].宏观经济管理,2017,(8).

[16] 国家统计局宏观经济分析课题组.低收入群体保护:一个值得关注的现实问题[J].统计研究,2002,(12).

[17] 贺喜.冷战时期美国对智利阿连德政府的政策[J].国际政治研究,2012,33(2).

[18] 黄征学,潘彪,滕飞.建立低收入群体长效增收机制的着力点、路径与建议[J].经济纵横,2021,(2).

[19] 江时学.论拉美国家的社会问题[J].国际问题研究,2011,(1).

[20] 蒋建霞.从困难群体全面发展的角度看"共同富裕"理想的实现[J].福建理论学习,2007,(7).

[21] 景天魁.底线公平概念和指标体系——关于社会保障基础理论的探讨[J].哈尔滨工业大学学报(社会科学版),2013,15(1).

[22] 乐章,陈璇.城市居民的社会安全网[J].华中科技大学学报(社会科学版),2001,(4).

[23] 李青.全面建设小康社会中的困难群体问题及其消解[J].马克思主义研究,2003,(1).

[24] 李月鹏.各国针对儿童与家庭公共服务清单的比较研究[J].社会福利(理论版),2017,(12).

[25] 厉以宁.论共同富裕的经济发展道路[J].北京大学学报(哲学社会科学版),1991,(5).

[26] 林闽钢.激活贫困者内生动力:理论视角和政策选择[J].社会保障评论,2019,3(1).

[27] 刘纪新.智利的社会救助制度[J].拉丁美洲研究,2001,(5).

[28] 刘湘丽.强化社会安全网：日本新冠疫情期间的劳动政策分析[J].现代日本经济，2020，39（6）.

[29] 刘学在，韩晓琪.巴西集合诉讼制度介评[J].环球法律评论，2010，32（4）.

[30] 马莉，王广斌.乡村振兴战略背景下相对贫困长效治理机制构建研究[J].湖北农业科学，2021，60（18）.

[31] 马西恒.当前中国的低收入群体[J].社会，1997，（5）.

[32] 苗政军.脱贫攻坚中特殊困难群体帮扶问题研究——以吉林省为例[J].行政与法，2020，（12）.

[33] 民政部政策研究中心课题组.关于社会服务发展演进与概念定义的探析[J].中国民政，2011，（6）.

[34] 潘华.中国低收入群体增收的影响因素与实现路径研究[J].宏观经济研究，2020，（9）.

[35] 庞娜.困难群体的社会保障问题探析[J].中国民政，2005，（8）.

[36] 尚晓援.中国社会安全网的现状及政策选择[J].战略与管理，2001，（6）.

[37] 苏映宇.国外失能老人社会安全网体系的比较分析与借鉴[J].江西农业大学学报（哲学社会科学版），2009，8（2）.

[38] 唐钧.托底性民生保障的国际经验与借鉴[J].中国民政，2015，（7）.

[39] 唐丽霞，赵丽霞，李小云.有条件现金转移支付缓贫方案的国际经验[J].贵州社会科学，2012，（8）.

[40] 唐兴霖，周幼平.整体型社会政策——对发展型社

会政策的理性认识[J].学海,2011,(5).

[41] 王三秀,高翔.从生存维持到生活质量:社会救助功能创新的实践审思[J].中州学刊,2016,(9).

[42] 王思斌.困弱群体的共进性富裕及社会工作的促进作用[J].中国社会工作,2022,(1).

[43] 王思斌.走向发展型社会政策与社会组织建设[J].社会学研究,2007,(2).

[44] 王文仙.20世纪墨西哥城市化与社会稳定探析[J].史学集刊,2014,(4).

[45] 王晓燕.智利改革重点的转移[J].拉丁美洲研究,2004,(3).

[46] 吴孙沛璟,赵雪梅.多维视角下的拉美贫困及扶贫政策[J].拉丁美洲研究,2016,38(3).

[47] 项迎芳,王义保.提升城市低收入群体幸福感的逻辑进路[J].理论探索,2021,(1).

[48] 徐勤贤,窦红.巴西政府对城市低收入阶层住房改造的做法和启示[J].城市发展研究,2010,17(9).

[49] 亚历山德罗·平莎尼,瓦尔基里娅·多米尼克·莱奥·雷戈,高静宇.巴西的扶贫政策:家庭补助金计划对受益者的影响[J].国外理论动态,2015,(8).

[50] 杨立雄.低收入群体共同富裕问题研究[J].社会保障评论,2021,5(4).

[51] 杨雨萱,鱼敏.有条件现金转移支付模式在卫生保健领域的应用与思考[J].中国卫生经济,2021,40(8).

[52] 杨云善.着力提高低收入者收入水平的基本途径[J].社会主义研究,2006,(3).

[53] 姚建平. 儿童现金转移支付模式：国际比较与路径选择[J]. 社会保障评论, 2020, 4 (4).

[54] 张宝宇. 试论巴西现代化进程中的社会变化[J]. 拉丁美洲研究, 2002 (3).

[55] 张浩淼, 杨成虎. 巴西有条件现金转移支付救助实践及其对我国的启示[J]. 西部经济管理论坛, 2021, 32 (1).

[56] 张浩淼. 巴西社会保障：从发展中国家典范到深陷泥潭[J]. 社会保障评论, 2022, 6 (4).

[57] 张浩淼. 拉美的新型社会救助与对中国的启示[J]. 安徽行政学院学报, 2010, 1 (2).

[58] 张浩淼. 拉美国家的社会救助改革及其启示[J]. 新视野, 2010, (4).

[59] 张浩淼. 拉美国家贫困儿童的救助经验及其启示[J]. 学术界, 2013 (6).

[60] 张伟兵. 发展型社会政策理论与实践——西方社会福利思想的重大转型及其对中国社会政策的启示[J]. 世界经济与政治论坛, 2007 (1).

[61] 张盈华. 拉美"福利赶超"与社会支出的结构性矛盾[J]. 经济社会体制比较, 2018 (4).

[62] 赵金璐, 黄佳琦. 中国及发展中国家儿童营养现状、原因及政策比较研究[J]. 中国食物与营养, 2021, 27 (3).

[63] 赵青. 智利养老金制度再改革：制度内容与效果评价[J]. 拉丁美洲研究, 2014, 36 (3).

[64] 郑秉文, 房连泉. 社保改革"智利模式"25年的发展历程回眸[J]. 拉丁美洲研究, 2006 (5).

[65] 郑秉文，于环.拉丁美洲"增长性贫困"检验及其应对措施与绩效[J].经济社会体制比较，2018 (4).

[66] 郑功成.中国社会救助制度的合理定位与改革取向[J].国家行政学院学报，2015 (4).

[67] 郑皓瑜.论拉丁美洲国家教育扶贫政策在消除贫困代际传递中的作用[J].山东社会科学，2016 (4).

[68] 郑皓瑜.墨西哥贫困儿童教育问题及对策研究——基于联合国千年发展目标的视角[J].全球教育展望，2015，44 (7).

[69] 郑皓瑜.墨西哥贫困人口人力资本投资的经验及对中国的启示——基于"机会计划"的分析[J].北京社会科学，2015 (9).

[70] 郑晓冬，上官霜月，陈典，等.有条件现金转移支付与农村长期减贫：国际经验与中国实践[J].中国农村经济，2020 (9).

[71] 朱玲.全球社会保障改革潮流概览[J].读书，2010, (6).

[72] 朱玲.试论社会安全网[J].中国人口科学，1999, (3).

[73] 左停，李世雄，武晋.国际社会保障减贫：模式比较与政策启示[J].国外社会科学，2020, (6).

[74] 左停，徐秀丽，齐顾波.构筑农村社会安全网：缓解农村贫困的战略性制度创新[J].中国农村经济，2004, (12).

报纸：

［1］刘坚. 考察墨西哥阿根廷的启示［N］. 市场报，2006-03-20（13）.

［2］王辉. 让低收入群体更有获得感［N］. 中国社会报，2021-11-17.

［3］姚亚奇. 织就更密更牢的民生保障网［N］. 光明日报，2022-03-03（4）.

英文著作：

［1］EARDLEY T，BRADSHAW J，DITCH J，GOUGH I，WHITEFORD P. Social assistance in OECD countries：synthesis report（Volume I）［M］. London：HMSO，1996.

［2］MIDGLEY J. Social work and international social development：promoting a developmental perspective in the profession［M］. Washington，DC：NASW Press，1997.

［3］SOARES S S D. Bolsa Família, its design, its impacts and possibilities for the future［M］. Lanham, Maryland：Rowman&Littlefield，2012.

［4］LEVY S. Progress against poverty：sustaining Mexico's Progresa–Oportunidades program［M］. Washing-ton, D. C：Brookings Institution Press，2007.

英文期刊：

［1］AGUDO SANCHIZ A. The social production of

conditional cash transfers' impacts [J]. International Policy Centre for Inclusive Growth, 2012, (172).

[2] ALIX-GARCIA J, MCINTOSH C, SIMS K R E, ET AL. The ecological footprint of poverty alleviation: evidence from Mexico's Oportunidades program [J]. Review of Economics and Statistics, 2013, 95 (2).

[3] ALWANG J, NORTON G W. What types of safety nets would be most efficient and effective for protecting small farmers and the poor against volatile food prices [J]. Food Security, 2011, 3 (1).

[4] BARBER S L, GERTLER P J. The impact of Mexico's conditional cash transfer programme, Oportunidades, on birthweight [J]. Tropical Medicine&International Health, 2008, 13 (11).

[5] BARRIENTOS A, HULME D. Social protection for the poor and poorest in developing countries: reflections on a quiet revolution: commentary [J]. Oxford Development Studies, 2009, 37 (4).

[6] BEHRENDT C, NGUYEN Q A. Ensuring universal social protection for the future of work [J]. Transfer: European Review of Labour and Research, 2019, 25 (2).

[7] BEHRENDT C. Crisis, opportunity and the social protection floor [J]. Global Social Policy, 2010, 10 (2).

[8] BEZUNEH M, DEATON B. Food aid impacts on safety nets: theory and evidence: a conceptual perspective on safety nets [J]. American Journal of Agricultural Economics, 1997, 79 (2).

[9] BORRAZ F, MUNYO I. Conditional cash transfers,

women's income and domestic violence [J]. International Review of Applied Economics, 2020, 34 (1).

[10] BRACAMONTES NEVáREZ J, CAMBEROS CASTRO M, HUESCA REYNOSO L. The impact in the early years of the Oportunidades program by type of poverty in Mexico and Baja California, 2002-2006 [J]. Estudios fronterizos, 2014, 15 (30).

[11] BRACAMONTES-NEVAREZ J, CAMBEROS-CASTRO M. Poverty in Mexico and its regions: an analysis of impact of Oportunidades Program in the 2002-2006 period [J]. Papeles de población, 2011, 17 (67).

[12] CARTER M R, MAY J. One kind of freedom: Poverty dynamics in post-apartheid South Africa [J]. World development, 2001, 29 (12).

[13] CASTEL R. The roads to disaffiliation: Insecure work and vulnerable relationships [J]. International journal of urban and regional research, 2000, 24 (3).

[14] CORRêA J P, DE TOLEDO VIEIRA M, DA SILVA FREGUGLIA R, ET AL. Focus on cash transfer programs: assessing the eligibility of the Bolsa Família program in Brazil [J]. Quality&Quantity, 2022.

[15] DAHROUGE S, HOGG W, WARD N, ET AL. Delivery of primary health care to persons who are socio-economically disadvantaged: does the organizational delivery model matter [J]. BMC health services research, 2013, 13 (1).

[16] DARNEY B G, WEAVER M R, SOSA-RUBI S G, ET AL. The Oportunidades conditional cash transfer program:

effects on pregnancy and contraceptive use among young rural women in Mexico [J]. International perspectives on sexual and reproductive health, 2013, 39 (4).

[17] DE FRANçA V H, MODENA C M, CONFALONIERI U E C. Equality and poverty: views from managers and professionals from public services and household heads in the Belo Horizonte Metropolitan Area, Brazil [J]. International Journal for Equity in Health, 2020, 19 (1).

[18] DE LA CRUZ-GóNGORA V, SHAMAH-LEVY T, VILLALPANDO S, ET AL. A decreasing trend in zinc deficiency in Mexican children aged 1-4: analysis of three national health and nutrition surveys in 1999, 2006 and 2018-19 [J]. salud pública de méxico, 2021, 63 (3).

[19] DERCON S, KRISHNAN P. In sickness and in health: Risk sharing within households in rural Ethiopia [J]. Journal of political Economy, 2000, 108 (4).

[20] DEVEREUX S. Can social safety nets reduce chronic poverty [J]. Development Policy Review, 2002, 20 (5).

[21] DíAZ LANGOU G. Validating one of the world's largest conditional cash transfer programmes. A case study on how an impact evaluation of Brazil's Bolsa Família Programme helped silence its critics and improve policy [J]. Journal of Development Effectiveness, 2013, 5 (4).

[22] DIJKHOFF T. The ILO Social Protection Floors Recommendation and its relevance in the European context [J]. European Journal of Social Security, 2019, 21 (4).

[23] HAIDER M Z, MAHAMUD A. Beneficiary selection and allowance utilization of social safety net programme in Bangladesh [J]. Journal of Human Rights and Social Work, 2017, 2 (1).

[24] HEMERIJCK A. The quiet paradigm revolution of social investment [J]. Social Politics: International Studies in Gender, State&Society, 2015, 22 (2).

[25] HO A T K, LANG T. Analyzing Social Safety Net and Employment Assistance Spending in Chinese Cities [J]. Australian Journal of Public Administration, 2013, 72 (3).

[26] HOCES DE LA GUARDIA F, HOJMAN A, LARRAñAGA O. Evaluating the Chile Solidario program: results using the Chile Solidario panel and the administrative databases [J]. Estudios de Economía, 2011, 38 (1).

[27] HONG L, KONGSHøJ K. China's welfare reform: An ambiguous road towards a Social Protection Floor [J]. Global social policy, 2014, 14 (3).

[28] HULME D, SHEPHERD A. Conceptualizing chronic poverty [J]. World development, 2003, 31 (3).

[29] ILO. Recommendation concerning national floors of social protection [J]. International social security review, 2013, 66 (3-4).

[30] KALTENBORN M. Overcoming extreme poverty by social protection floors-approaches to closing the right to social security gap [J]. Law and Development Review, 2017, 10 (2).

[31] KANGAS O, PALME J. Making social policy work for

economic development: the Nordic experience [J]. International Journal of Social Welfare, 2009, 18.

[32] KRONEBUSCH N, DAMON A. The impact of conditional cash transfers on nutrition outcomes: Experimental evidence from Mexico [J]. Economics&Human Biology, 2019, 33.

[33] KWON H, MKANDAWIRE T, PALME J. Introduction: social policy and economic development in late industrializes [J]. International Journal of Social Welfare, 2009, 18.

[34] KWON, J. S. Current Status and Challenges of Lifelong Education Projects for Low-income Groups [J]. Asia-pacific Journal of Convergent Research Interchange, 2020, 6 (12).

[35] LARRAñAGA O, CONTRERAS D, RUIZ-TAGLE J. Impact evaluation of Chile Solidario: lessons and policy recommendations [J]. Journal of Latin American Studies, 2012, 44 (2).

[36] LEVASSEUR K, PATERSON S, MOREIRA N C. Conditional and unconditional cash transfers: Implications for gender [J]. Basic Income Studies, 2018, 13 (1).

[37] MARTíNEZ Ó A M. Complementos nutricionales y capital humano. Un análisis desde los beneficiarios al Nutrisano y Nutrivida del programa Oportunidades de México [J]. Revista Gerencia y Políticas de Salud, 2009, 8 (17).

[38] MARTíNEZ O A. Efectos de las becas educativas del programa Oportunidades sobre la asistencia escolar. El caso de la zona urbana del noreste de México [J]. Revista Desarrollo y Sociedad, 2012, (69).

[39] MARTINS A P B, CANELLA D S, BARALDI L G, ET AL. Cash transfer in Brazil and nutritional outcomes: a systematic review [J]. Revista de saude publica, 2013, 47.

[40] MASINO S, NIñO-ZARAZúA M. Improving financial inclusion through the delivery of cash transfer programmes: The case of Mexico's Progresa - Oportunidades - Prospera programme [J]. The Journal of Development Studies, 2020, 56 (1).

[41] MCKEE D, TODD P E. The longer-term effects of human capital enrichment programs on poverty and inequality: Oportunidades in Mexico [J]. Estudios de economia, 2011, 38 (1).

[42] MIDGLEY J, TANG K. Introduction: Social policy, economic growth and developmental welfare [J]. International Journal of Social Welfare, 2001, 10 (4).

[43] MIDGLEY J. Defining social development: Historical trends and conceptual formulations [J]. Social Development Issues, 1994, 16 (3).

[44] MOFFITT R A, ZILIAK J P. COVID - 19 and the US safety net [J]. Fiscal Studies, 2020, 41 (3).

[45] MOFFITT R A. The Great Recession and the social safety net [J]. The Annals of the American Academy of Political and Social Science, 2013, 650 (1).

[46] NEUFELD L M, GRADOS R, VILLA DE LA VEGA A, ET AL. A brief history of evidence-informed decision making for nutrition in Mexico [J]. The Journal of Nutrition, 2019, 149 (Supplement_ 1).

[47] OLIVEIRA B R, DE LACERDA PEIXOTO M C.

Educação, pobreza e programas de transferência de renda: A implementação do Programa Oportunidades no México [J]. Education Policy Analysis Archives, 2019, 27.

[48] PAES-SOUSA R, SANTOS L M P, MIAZAKI É S. Effects of a conditional cash transfer programme on child nutrition in Brazil [J]. Bulletin of the World Health Organization, 2011, 89.

[49] PALOMAR-LEVER J, VICTORIO-ESTRADA A. Determinants of subjective well-being in adolescent children of recipients of the oportunidades human development program in Mexico [J]. Social Indicators Research, 2014, 118 (1).

[50] PARKER S W, TODD P E. Conditional cash transfers: The case of Progresa/Oportunidades [J]. Journal of Economic Literature, 2017, 55 (3).

[51] PEñA-MIGUEL N, DE LA PENA ESTEBAN J I, FERNáNDEZ-SAINZ A. Main factors for a proposal for a social protection floor [J]. Social Indicators Research, 2015, 123 (1).

[52] PFUTZE T. Should program graduation be better targeted? The other schooling outcomes of Mexico's Oportunidades [J]. World Development, 2019, 123.

[53] PORTO DE OLIVEIRA O. Brazil Exporting Social Policies: from local innovation to a global model [J]. Journal of Politics in Latin America, 2019, 11 (3).

[54] RABINOVICH L, DIEPEVEEN S. The Design of Conditional Cash Transfers: Experiences from Argentina's Universal Child Allowance [J]. Development Policy Review, 2015, 33 (5).

[55] RAMíREZ V. CCTs through a wellbeing lens: The importance of the relationship between front-line officers and participants in the Oportunidades/Prospera programme in Mexico [J]. Social Policy and Society, 2016, 15 (3).

[56] RAMíREZ V. Relationships in the Implementation of Conditional Cash Transfers: The Provision of Health in the Oportunidades - Prospera Programme in Puebla, Mexico [J]. Social Policy and Society, 2021, 20 (3).

[57] RAMíREZ-SILVA I, RIVERA J A, LEROY J L, ET AL. The Oportunidades program's fortified food supplement, but not improvements in the home diet, increased the intake of key micronutrients in rural Mexican children aged 12-59 months [J]. The Journal of nutrition, 2013, 143 (5).

[58] RAWLING, LAURA B, RUBIO, GLORIA M. Evaluating the impact of conditional cash transfer programs: lessons from Latin America [R]. Policy research working paper No. 3119, World Bank, Washington, DC, 2003.

[59] RAWLINGS L B, RUBIO G M. Evaluating the impact of conditional cash transfer programs [J]. The World Bank Research Observer, 2005, 20 (1).

[60] REININGER T, CASTRO-SERRANO B, FLOTTS M, ET AL. Conditional cash transfers: social work and eradicating poverty in Chile [J]. International Social Work, 2018, 61 (2).

[61] RIVERA DOMMARCO J A, GONZáLEZ DE COSíO T, GARCíA-CHáVEZ C G, ET AL. The role of public nutrition research organizations in the construction, implementation and evalu-

ation of evidence-based nutrition policy: two national experiences in Mexico [J]. Nutrients, 2019, 11 (3).

[62] SARACOSTTI M. The Chile Solidario system: The role of social work [J]. International Social Work, 2008, 51 (4).

[63] SAUCEDO DELGADO O A, KADELBACH V, MATA MATA L. Effects of Conditional Cash Transfers (CCT) in Anti-Poverty Programs. An Empirical Approach with Panel Data for the Mexican Case of PROSPERA-Oportunidades (2002—2012) [J]. Economies, 2018, 6 (2).

[64] SEEKINGS J. The limits to 'global' social policy: The ILO, the social protection floor and the politics of welfare in East and Southern Africa [J]. Global Social Policy, 2019, 19 (1-2).

[65] SMYTH P, DEEMING C. The 'social investment perspective' in social policy: A longue durée perspective [J]. Social Policy&Administration, 2016, 50 (6).

[66] SUGIYAMA N B, HUNTER W. Do conditional cash transfers empower women? Insights from Brazil's bolsa família [J]. Latin American Politics and Society, 2020, 62 (2).

[67] TOMAZINI C. Pioneering anti-poverty policies in Brazil and Mexico: ambiguities and disagreements on conditional cash transfer programs [J]. International Journal of Sociology and Social Policy, 2021, 42 (1/2).

[68] VILLA J M, NIñO-ZARAZúA M. Poverty dynamics and graduation from conditional cash transfers: a transition model for Mexico's Progresa-Oportunidades-Prospera program [J]. The Journal of Economic Inequality, 2019, 17 (2).

英文电子文献：

[1] BEHRMAN J R, PARKER S W, TODD P E. Long-term impacts of the Oportunidades conditional cash transfer program on rural youth in Mexico [R/OL]. IAI Discussion Papers, 2005.

[2] BERGSTROM K, DODDS W. The targeting benefit of conditional cash transfers [R/OL]. Policy research working paper No. 9101, World Bank, Washington, DC, 2020.

[3] GLEWWE P, KASSOUF A F. The impact of the Bolsa Escola/Familia conditional cash transfer program on enrollment, grade promotion and drop out rates in Brazil [J/OL]. [2022-7-10]. www. Anpec. Org. br/encontro2008/artigos/200807211140170-. pdf.

[4] ISSA. Annual review 2013 [R/OL]. [2022-7-2]. https://ww1. issa. int/sites/default/files/documents/publications/2-AR-2014-29794. pdf.

[5] LEVITAS R, PANTAZI C, FAHMY E, GORDON D, LLOYD E, PATSIOS D. The multi-dimensional analysis of social exclusion [EB/OL]. [2022-5-22]. http://webarchive. nationalarchives. gov. uk/+/http:/www. cabinetoffice. gov. uk/media/cabinetoffice/social_exclusion_task_force/assets/research/multidimensional. pdf.

[6] MOREIRA N C. Empowerment, gender inequality and social mobility in the bolsa família program [C]. A paper presented to the international public policy conference. Grenoble, 2013.

[7] OECD. ORG, Chile: Improve Productivity, Social

Protection and Boost Revenues for a Sustainable Recovery [R/OL]. [2022-6-12]. https：//www. oecd. org/chile/chile-improve-productivity-social-protection-and-boost-revenues-for-a-sustainable-recovery. htm.

[8] SKOUFIAS E，DI MARO V. Conditional cash transfers, adult work incentives, and poverty [R/OL].Policy research working paper No. 3973, World Bank, Washington, DC, 2006.

[9] SOARES S，RIBAS R P，SOARES F V. Targeting and coverage of the Bolsa Familia Programme：why knowing what you are measure is important in choosing the numbers [EB/OL]. https：//ipcig. org/publication/26838.

[10] STAFF REPORTER. Brazilian social security programme receives prestigious ISSA award [EB/OL]. (2013-10-22) [2022-6-12]. https：//guyanachronicle. com/2013/10/22/brazilian-social-security-programme-receives-prestigious-issa-award/.

[11] WORLD BANK. China systematic country diagnostic：towards a more inclusive and sustainable development [R/OL]. (2018-2-14) [2022-5-15]. https：//openknowledge. worldbank. org/handle/10986/29422.

后 记

不同的历史发展背景和指导理念，造就了各国独具特色的社会救助模式，积累了丰富的社会救助经验。"他山之石，可以攻玉"。新时期我国社会救助体系发展改革，需要立足实际，着眼长远，同时还需要树立全球视野，吸取其他国家社会救助改革的经验和教训，对更好推动我国社会救助事业发展具有重要意义。

本书的完成得益于笔者多年在社会救助领域的研究积累，在资料搜集、整理和写作过程中，博士生研究生谭洪，硕士研究生董治华、肖函灵、高晨、向梦、管琪瑶、唐屹阳都积极参与，感谢他们的辛苦付出！

本书的研究内容主要针对拉美地区的社会救助项目，由于资料信息获取途径的限制，以及笔者自身经验和水平有限，许多问题还待进一步研究讨论，研究成果中的不当之处还望各位同仁和读者批评指正，不吝赐教！